COTTA'S BIBLIOTHEK DER MODERNE

79

CHARLES-LOUIS PHILIPPE

DAS BEIN DER TIENNETTE

UND ANDERE ERZÄHLUNGEN

Aus dem Französischen
übertragen von
Annette Kolb

Cotta's Bibliothek
der Moderne

Verlagsgemeinschaft Ernst Klett-Verlag –
J. G. Cotta'sche Buchhandlung
Originaltitel »Contes du matin« (1916)
Die deutsche Ausgabe erschien zuerst
im Kurt Wolff Verlag, München 1923

Printed in Germany 1989
Satz: Steffen Hahn, Kornwestheim
Druck: Wilhelm Röck, Weinsberg
Einband: G. Lachenmaier, Reutlingen

CIP-Kurztitelaufnahme der Deutschen Bibliothek
Philippe, Charles-Louis:
Das Bein der Tiennette und andere Erzählungen / Charles-
Louis Philippe. Aus d. Franz. übertr. von Annette Kolb. –
Stuttgart: Klett-Cotta, 1989
(Cotta's Bibliothek der Moderne; 79)
Einheitssacht.: Contes du matin <dt.>
ISBN 3-608-95651-4
NE: GT

INHALT

Das Bein der Tiennette 7
Die Katze in der Butter 14
Romeo und Julia 21
Die Hündchen 29
Zwei Apachen 36
Die Begegnung 41
Der Besuch 47
Die Löwenjagd 53
Kannibalengeschichte 60
Das Streichholz 66
Das Almosen 72
Die Niederlage des Teufels 78
Das Testament 85
Ein Gedenkblatt der Liebe 92
Das eifersüchtige Kind 98
Der Trunkenbold 104
Das Bekenntnis 110
Die Besucher 116
Der Mörder 122
Tienne 129
Schulschwänzer 135
Schlichte Herzen 141
Unter Freunden 147
Drei guillotinierte Männer 154

DAS BEIN DER TIENNETTE

Es geschah offenbar, um einer schlimmen Auslegung vorzubeugen, daß Lebaupin an jenem Abend zu seiner Frau sagte:

»Du hör mal! Ich komme vom Tienne. Seine Frau war ganz allein. Man sprach von Schuhen und von Knöcheln. Sie hat mir die ihrigen gezeigt. Da habe ich sie halt angefaßt. Der Tienne kam gerade dazu. Ich merkte, daß er kurios dreinschaute. Ich bin fortgegangen.«

Als Marie-Louise, die Tochter Lebaupins und seiner Frau, diese Worte vernahm, dünkte ihr das Zimmer, in dem sie gesprochen wurden, plötzlich ganz klein, als böte es keinen Raum mehr für sie. Sie öffnete die Tür und nahm schnell die Stiege, um das Weite zu suchen. Obwohl sie ein junges Mädchen war, machte sie beim Hinaufsteigen ebensoviel Lärm wie vier Männer, die eine Last getragen hätten. Ihr Bruder, der an diesem Abend an Kopfschmerzen litt, war früher als sonst zu Bett gegangen. Sie konnte weder sein Unbehagen noch seinen Schlaf berücksichtigen. Sie ließ sich kaum Zeit, sein Zimmer zu betreten, um anzubringen, was sie ihm zu sagen hatte:

»Denk dir, Jean, mein Vater war bei der Tiennette. Er hat ihr Bein anfassen wollen. Der Tienne kam gerade dazu. Er ist in Zorn geraten und hat den Vater davongejagt.«

Mit Jeans Schlaf und seinem Kopfweh war es schnell vorbei. Er war zwanzig Jahre alt und begriff alles, bevor er sich noch aufrichtete.

Im unteren Zimmer fühlten sich Baptiste, ihr Vater, und Catherine, ihre Mutter, welche Marie-Louise soeben verlassen hatte, angesichts des Vorkommnisses recht allein, und es drängte sie alsbald zu ihren Kindern, um sich von der Tragweite Rechenschaft zu geben, die es innerhalb der Familie nehmen würde.

Catherine fand sich noch immer nicht zurecht. Man hörte, wie Baptiste ihr auf der Stiege die ergänzenden Einzelheiten mitteilte. Endlich wurde es ihr doch klar, und als sie bei ihrem Sohne eintrat, konnte sie ihm sagen:

»Es ist wirklich wahr, mein Jean!«

Baptiste pflegte jeden Abend, so nach der Suppe, zum Tienne und der Tiennette zu gehen. Es fragt sich, was er da wollte. Der Tienne war Weber. Seitdem das Tuch in den Spinnereien hergestellt wird, sind die Weber rar geworden in unseren Ländern, und die wenigen, die noch bleiben, sind nicht sonderlich schlau. Zu sagen wußte er fast gar nichts. Er hatte ein Rudel Kinder. Die Wohnung war eng. Seine Frau hatte keinen Ordnungssinn. Sie stotterte. Das erste, was Catherine sagte, war:

»Das allein war schon verfehlt, daß du jeden Abend zu diesen Leuten hinübergingst.«

Aber Jean und Marie-Louise ließen nicht von der Hauptfrage los, und sobald ihr Vater zu ihnen kam, riefen sie alsbald, um die Sache von ihrer heiteren Seite zu nehmen:

»Sag, Vater, hat sie hübsche Knöchel, die Tiennette?«

Baptiste war sehr froh über die Wendung, welche die Angelegenheit zu nehmen schien, und antwortete sogleich:

»Meiner Treu, ich dachte, ihre Knöchel seien feiner.«

Aber Catherine, die langsamen Geistes war, folgte ihm nicht so schnell, als er gewünscht hätte.

»Was brauchtest du denn auch«, sagte sie, »den Knöchel dieser Frau anzufassen? Wenn der Tienne hierherkäme und sofort mein Bein anrühren wollte, wie sähe das aus?«

»Aber meine gute Catherine...«, sagte Baptiste, der sich zu langen Erklärungen anschickte.

Er kam nicht weiter. Jean und Marie-Louise unterbrachen ihn.

»Schien es ihr Spaß zu machen, als du ihr Bein anfaßtest?«

»Spaß oder nicht Spaß, sie hat sich nicht geäußert.«

Catherine hatte endlich den Anschluß gefunden und rief aus:

»Freilich nicht, die arme Haut; sie traute sich nicht, aber recht angenehm wird es ihr nicht gewesen sein!«

Die Geschichte verlief im übrigen nicht so günstig, als man hätte denken können. Sobald Catherine sich von all den Einzelheiten des Abenteuers durchdrungen fühlte und sie in ihrer Gesamtheit übersehen konnte, hielt sie sich bei keinen Gefühlsklauseln auf. Sie sagte höchstens:

»Es wäre eben viel besser gewesen, wenn der Tienne nicht gerade in dem Augenblick gekommen wäre.«

Dann holte sie wieder den Vorsprung ein, den sie durch ihre Begriffsstutzigkeit verloren hatte. Sie wußte es längst: weder ihr Mann noch ihre Kinder sahen weiter als ihre Nasenspitzen. Sie erfaßte sofort die Folgen der dummen Geschichte, welche Baptiste ihr eben erzählt hatte. Sie war doch immer sein Halt, wenn es galt, die Dummheiten wiedergutzumachen, die er beging.

Mit einem Wort, wir sind jetzt mit dem Tienne und der Tiennette verkracht. Es fällt immer auf mich zurück. So werde ich denn jetzt den Kopf nach einer anderen Seite wenden müssen, wenn ich an ihnen vorbeigehe, und tun, als sähe ich sie nicht. Und diese Frau war doch immer recht freundlich zu mir.

Es mußten sich mehr Dinge zugetragen haben, als Baptiste zu gestehen wagte. Er antwortete:

»Ach, was weiß ich?«

Jean und Marie-Louise, die jetzt eine gewisse Unruhe beschlich, versuchten es anders.

»Aber nein, Mutter. Im Gegenteil, es ist ja viel besser so. Mir schwant, daß die Kinder der Tiennette unsere kleinen Geschwister sind. Wir werden alle durch meinen Vater verwandt. Die Tiennette wird uns um so lieber haben.«

Catherine lachte mitnichten. Sie wehrte den Scherz ab.

»Das sind alles Dummheiten«, sagte sie.

Und sie nahm den Faden ihrer Gedanken wieder auf. Man war genötigt zu schweigen, um ihr zuzuhören.

»So war ich denn glücklich, ohne es zu wissen. Wenn ich durch die Straße ging, sprachen mich alle an. Von der Place Croixblanche bis zum Markt war ich zu Haus. Wie stehe ich jetzt da? Ich mag nicht, wenn ich ausgehe, den Kopf hineinstecken müssen und fühlen, daß alle Welt gegen mich aufgebracht ist. Man wäre wohl imstande zu glauben, ich hätte etwas angestellt.«

Das Schweigen, das sich jetzt einstellte, war nicht von langer Dauer. Wieder einmal sah man an Catherine die Eigenschaften hervortreten, die ihr in der Familie jeder zuerkannte, und welche die einer guten Hausfrau waren. Man kann guter Hausfrauen nicht entraten. Wer sorgt und waltet über einen Haushalt? Sie schaffen selbst da Ordnung, wo niemand Unordnung wahrnehmen würde, wenn sie nicht da wären. Die Eigenschaften der guten Hausfrauen erstrecken sich sogar über ihren Haushalt hinaus. Dies trat bei Catherine zutage. Es war, als wollte sie bis in das sogenannte soziale Leben ihren Ordnungs- und Reinlichkeitssinn hineintragen. Sie sagte:

»So mag ich es nicht haben, ich nicht. Ich gehe zum Tienne. Ich werde ihm erklären, was geschehen ist. Die Männer kennen sich ja nicht aus. Ich brauche doch nicht mit ihm verkracht zu sein, weil du das Bein seiner Frau angefaßt hast.«

Sie wollte sich sogleich aufmachen. Baptiste mußte sich vor die Türe stellen und ihr sagen:

»Nein, geh nicht hin. Ich sage dir ja, daß er sehr zornig ist.«

Auch die Kinder mußten sich ins Zeug legen.

»Bedenke doch, Mutter! Der Tienne wird dich nicht anhören wollen.«

Es fiel ihr sehr schwer, sich zu beruhigen. Sie beruhigte sich erst, als sie gesagt hatte:

»Morgen aber mache ich reinen Tisch.«

Am nächsten Morgen war Markt. Es war kein schöner Tag. Bevor Catherine noch den Fuß auf die Straße setzte, dachte man schon: jetzt geht sie bald aus! Sie ging in der Tat um zehn Uhr aus, um ihre Butter sowie Obst und Gemüse zu holen. Und richtig! Niemand wagte irgend etwas mit ihr zu besprechen. Sie selbst hatte auch kein Wort gesagt, denn wenn den Frauen etwas im Sinne liegt, sind sie still. Kaum hatte sie aber das Haus verlassen, als Baptiste zu seinen Kindern sagte:

»Es ist mir arg.«

Sie fanden nicht den Mut, ihn aufzuziehen. Die Kinder sagten:

»Du hättest ihr das nicht erzählen sollen, Vater.«

Er sagte:

»Es war mir halt viel lieber, daß sie es von mir erfuhr als von jemand anderem, der es ihr nicht mit derselben Rücksicht gesagt hätte.«

Man wartete so lange, bis sie endlich wiederkam. Sie machte die Türe groß auf und schloß sie dann nicht einmal. Ihr Gesicht war breit. Sie sprach sehr laut.

Sie sagte:

»Um so besser! Es ging nicht, wie ich befürchtet

hatte. Ich begegnete der Tiennette auf dem Markt mit ihren zwei Kleinen. Die arme Haut, sie ließ sich nichts merken. Man sprach wie sonst. Sie hatte soeben Birnen gekauft. Die meinen waren schöner als die ihren. Ich habe der größeren eine geschenkt, und der anderen, da ich nicht weiß, ob sie ihr Obst zu essen gibt, schenkte ich einen Sou.«

Sogar dem Tienne war sie vor ihrer Tür begegnet, auf dem Rückweg. Er wollte sie nicht recht sehen, da hatte sie ihn einfach zuerst gegrüßt. Er hatte ihren Gruß erwidert. Er hatte gesagt:

»Guten Tag, Madame Lebaupin!«

DIE KATZE IN DER BUTTER

Nicht nur, daß Boyand, der Metzger, groß war, er war auch dick. Er füllte seinen Platz aus in der Stadt. Man hätte ihn von weitem an seinem Unfang erkannt, aber seiner Farbe wegen auch. Er war rot. Sein Haar war rot, wie das anderer rothaariger Leute, seine Backen aber ließen sich nur mit dem Feuer vergleichen. Wenn er an einer Scheune vorüberkam, rief man ihm zu:

»Komm nicht zu nahe. Hier ist Stroh.«

Das Leben mußte für ihn wie er selber sein, mordsmäßig, rot und lustig, um sich damit abfinden zu können. Das weiße Fleisch der Kälber mochte er nicht. Er aß Rindfleisch in Mengen. Er hätte gern etwas gegessen, was mehr Fleisch war als das Fleisch selber, um auch dieses roh zu essen. Leichten Wein mochte er nicht, er trank schweren Wein, den er in großen, vollen Gläsern wie Blut in sich hineingoß. War er mit dem Wein zu Ende, so fing er mit dem Schnaps an, um sich innerlich zu wärmen; der Schnaps allein war seiner Temperatur gemäß. Die Schuld trug unleugbar als erste die Frau des Regrain. Boyand hatte sich zu Regrain begeben, um ein Kalb zu holen, das er einmal, als er auf Reisen war, gekauft hatte. Als er hinkam, befand sich die Frau des Regrain allein zu Hause und war gerade mit ihrem Butterfaß beschäftigt. Sie sagte:

»Regrain arbeitet auf seinem Felde. Warten Sie auf mich, ich will ihn holen.«

Sie ging, Boyand ganz allein im Zimmer zurücklassend. Sie beging hiermit einen Fehler. Boyand war nicht gerne allein. Hätte sie ihm wenigstens zu trinken gegeben, so hätte er zum Zeitvertreib getrunken. Wäre ein Kind zugegen gewesen, so hätte er es hoch oben auf den Schrank gestellt. Er konnte sich doch wirklich nicht hinsetzen und die Beine übereinanderkreuzen. Was tun? Es war nur eine Katze im Zimmer mit ihrem Kätzchen. Da Boyand sie ansah, ohne viel darauf zu achten, bemerkte er das Butterfaß. Und da kam ihm ein Einfall.

Er packte das Kätzchen, hob den Deckel des Butterfasses und quetschte das Tier hinein. Erst jetzt konnte er sich in Geduld fassen und auf Regrains Frau warten.

Sie kam mit ihrem Mann zurück. Boyand kümmerte sich um seinen Handel. Man band das Kalb los, lud es auf den Wagen, nahm den Preis für das Tier entgegen. Die Frau des Regrain, wie das der Brauch ist, äußerte:

»Es tut einem doch leid, es dem Metzger zu geben.«

Der Mann erwiderte: »Die Tiere sind halt da, um gegessen zu werden.«

Die Frau nahm ihre Arbeit wieder auf, denn so ist das Leben. Sie schlug ihre Butter und schlug sie gut. Ihre Butter galt für die beste in der Gegend. Sie vergaß des Kalbes. Es war doch ärgerlich, daß man sie gestört hatte. Man sollte nie gestört werden beim Buttern. Die ihrige fing schon an, sich zu setzen. Es wunderte sie sogar:

»Gewitter war keines. Dabei ist es, als ob mein Rahm geronnen wäre.«

Sie drückte, so fest sie konnte, um ihn zu verdünnen: in der Tat, ihre Butter war hart wie Käse. Sie geriet in Zorn, zerdrückte sie und sprach sie an wie jemanden, der sich einem widersetzt.

»Ich werde dich lehren, du Scheusal, du!«

So zwar, daß Regrain nicht umhin konnte, ihr zu sagen:

»Statt so zu wettern, schau doch lieber, ob nicht etwas im Fasse steckt.«

Richtig. Sie hob den Deckel; sie blickte aufmerksam in das Faß. Was sie sah, war zu eigentümlich, als daß sie nicht nachgedacht hätte, bevor sie sprach. Sie forderte sogar ihren Mann auf, hinzuzutreten.

»Sieh her, ist da nicht etwas ganz Schwarzes drin?«

Man faßt nicht gerne die Butter mit den Händen an, weil das nicht sauber ist für die Leute, welche sie kaufen. Regrain sagte:

»Es wird doch kein Schmutz in deinen Rahm gefallen sein?«

Man ist nie ganz sicher, wenn man auch noch so rein ist. Sie antwortete:

»Ich glaube nicht.«

»Da gibt es nur eins. Stülpe deinen Ärmel hinauf und lange hinein.«

Sie stieß drei Schreie aus. Der erste war ein Angstschrei; sie stieß ihn beim Anfassen eines unförmig großen und klebrigen Gegenstandes aus, der am Boden des Fasses war. Den zweiten Schrei stieß sie aus beim Herausnehmen dieses Gegenstandes, und den dritten Schrei, der am durchdringendsten war, stieß sie aus, als sie die kleine Katze ans Licht zog.

Im übrigen waren sowohl Regrain wie seine Frau sofort im Bilde. Es war Boyand! Sie wußten genau, daß man bei ihm auf alles gefaßt sein mußte, aber dies hätten sie nie erwartet. Er hatte sich benommen wie ein Metzger.

Armes Tierchen! Sogar seiner Frau machte Regrain den Vorwurf:

»Du hättest nicht so zu drücken brauchen. Du hättest dir denken können, was es war.«

Sie hätte weinen können, sowohl der Katze als des Streites wegen, der auszubrechen drohte. Es war doch nicht ihre Schuld. Sie legte das Kätzchen in eine Ecke des Kamins. Es war ganz platt gedrückt. Die Alte näherte sich. Sie schleckte an ihrem Jungen. Regrain war wütend, und setzte er sich da nicht in den Kopf, daß die Katze nicht an ihm herumschleckte, weil es ihr Junges, sondern weil es von Rahm überzogen war? Er jagte sie mit groben Fußtritten davon.

Dann erst dachte man an die Butter. Regrain war der Meinung, daß niemand es wissen würde; die Frau sollte nur weiter ihre Butter rühren und am Markttage verkaufen, als ob das Unglück nicht passiert wäre. Aber sie war stolz und auf das gute Renommee ihrer Produkte erpicht. Noch ehe sie die Frage erwogen hatte, rief sie aus:

»Nie im Leben!«

Regrain geriet auf einen andern Einfall: da sie die

nicht verkaufen wollte, so würden sie sie selber hernehmen. Aber davon wollte sie auch nichts wissen.

Ob er auch immer wieder sagte:

»Es ist doch besser, sie herzunehmen als sie verderben zu lassen.«

Vier Pfund waren es gewiß. Voll Zorn stand Regrain auf und ging wieder auf das Feld hinaus.

Am Tag nach diesem düsteren Vorfall war Markt. Die Frau ging mit ihrem Korb in die Stadt. Sie wußte, daß sich jeden Vormittag gegen elf Uhr Boyand zu Monsel, dem Gastwirt, begab, um seinen Wermut zu nehmen. Sie lauerte ihm auf. Und als er dort inmitten seiner Trinkgenossen saß, ging sie in die Metzgerei, wo Frau Boyand ganz allein war. Sie gab ihre Erklärungen ab:

»Ihr Mann hat mir gesagt, daß Sie Butter einsalzen wollten, und mich beauftragt, Ihnen vier Pfund davon zu bringen.«

»Richtig«, sagte die Metzgerin, »er war gestern bei Ihnen.«

Arme Frau! Seine üblen Streiche erzählte er ihr freilich nicht. Es tat einem sogar leid, sie zum besten zu halten! Sie zahlte die Butter. Die Frau des Regrain war bei der Sache und verlangte sogar ein gutes Geld dafür: dreißig Sous für das Pfund! Auf dem Markt kostete es nur sechsundzwanzig Sous, aber gleichviel! Der Überschuß sollte die Katze decken!

Als Boyand beim Nachhausekommen die Geschichte hörte, hatte er zum Glück noch nicht zu Mittag gegessen; denn es hätte ihn der Schlag treffen können. Er ging ohne Hut auf die Straße; die Regrains umbringen, hätte ihm nicht genügt. Er hätte sie überdies noch essen müssen. Ihr Haus anstecken, war eine geringe Vergeltung. Bis auf die Mauern hätte er es niederreißen und auf den Trümmern herumtanzen mögen, bis er sie zu Staub zertreten hätte. Das Erdreich von Regrains Feldern hätte er aufwerfen und, von einer gräßlichen Krankheit befallen, sich darüber erbrechen mögen.

Er ging wieder heim, seine Mütze zu holen. Er hatte gute Lust, seinen Wagen anzuspannen und sich schnurgerade in den Fluß zu stürzen. Eine Butter, in welcher eine Katze krepiert war! Zwar schreckte Boyand vor keiner Speise zurück. Er hätte von einem abgelagerten Ochsen, von krankem Kalb, magerem Schwein, einer alten Henne, ja, einem siamesischen Schwein gegessen, wenn es hätte sein müssen. Er hatte sogar einmal einen Igel und sogar einen Raben gekostet. Er hätte dies alles im Notfall in einer Suppe verkochen lassen. Aber eine Katze! Zwar konnte man ja nicht sagen, daß es ein unsauberes Tier sei. Als er beim Regiment war, hatten sich eines Tages die Soldaten, sowie er selbst, während der großen Manöver einer Katze bemächtigt, ihr das Fell abgezogen, sie gekocht und gegessen. Was ihn schreckte, war der Gedanke an den Schnurrbart. Er war gelb gewesen. Sicher waren die Haare naß, als das Tier aus dem Butterfaß hervorgezogen wurde. Aus Katzen, die in Rahm ertränkt werden, entsteht eine schmutzige Masse. Die ganze Butter schien ihm zu einer unnennbaren Flüssigkeit zerronnen, die er Katzensaft nannte. Er fühlte, daß er sein ganzes Leben unfähig sein würde, zu essen. Er zitterte. Er konnte nicht einmal mehr gehen. Seinen Wagen anspannen? Wozu? Er hätte vielleicht nicht die Kraft gefunden. Er ging in sein Schlafzimmer, weil dort niemand war. Er wollte am liebsten allein in einer Ecke sterben, wie ein Hund. Er setzte sich nieder. Er legte seine Mütze ab, die ihn drückte. Armer Boyand! Er hielt beide Hände vor das Gesicht, um nichts mehr zu sehen, und zwischen seinen dicken Metzgerfingern fühlte er dicke Tränen rinnen, die Tränen des großen Kindskopfes, der er war.

ROMEO UND JULIA

Passier war in Wirklichkeit kein Bauunternehmer zu nennen. Er hielt zwei Handwerker, die ihm halfen, seine Mauerwerke zu errichten. Er machte keine großen Arbeiten und war eher, was man einen Maurermeister nennt. Buisson dagegen war Holzhändler. Ohne aneinanderzustoßen, da sie durch das Haus und die Stallung des Monsieur Olivier, zwei wichtige Gebäude, getrennt wurden, waren ihre Häuser doch benachbart.

Es ereignete sich folgendes: Passier, der Holz benötigte, kaufte dem Buisson ein Ster ab und sagte ihm, daß er trockenes Holz brauche. Das Holz, das ihm Buisson verkaufte, war noch grün und fast unbrauchbar. Buisson stand ohnedies im Rufe, nicht sehr gewissenhaft zu sein; diesmal aber gab es keine Entschuldigung für ihn, denn man beschwindelt sich nicht unter Nachbarn. Passier richtete keinen Vorwurf gegen den Holzhändler. Er begnügte sich damit, seiner Frau und seiner Tochter, die an Winterabenden zu Buisson gingen und im Sommer auf der Bank vor seinem Hause den Feierabend machten, zu sagen:

»Ich will nicht mehr, daß ihr den Fuß zu ihm setzt.«

Als Buisson und seine Frau merkten, daß Jeanne Passier und ihre Mutter nicht mehr herüberkamen, waren sie schnell getröstet. Sie sagten:

»Ach was, wir brauchen sie nicht.«

Es fehlte nicht viel, daß Jean Buisson, ihr Sohn, ebenso dachte. Und doch hatte er die kleine Jeanne sehr gern. Sie war sechzehn, er siebzehn Jahre alt. Er tat sich groß, weil er mit einem jungen Mädchen vertraut war und seine Kameraden im selben Alter dies nicht von sich sagen konnten. Daß sie Jeanne hieß und er Jean, darauf war er auch stolz. Und abends, wenn sie im Sommer auf der Bank nebeneinander saßen, hielten sie sich bei der Hand, wenn niemand sie sah. Im Zimmer drin hatte sich Jeanne einmal neben ihm vor den Spiegel gestellt und ihn darauf aufmerksam gemacht, daß sie ungefähr gleich groß waren. Die Mütter waren zugegen. Jeans Mutter sagte:

»Ich glaube gar, Jeanne, du würdest gern meinen Buben heiraten.«

Jeannes Mutter hatte gelacht.

Nun waren sie entzweit. Wenn auch! Jean Buisson war ein sehr sanftes Bürschchen. Er ging nie ins Café. Er sprach nicht viel. Er arbeitete beim Notar und verdiente sechzig Franken pro Monat. Jeanne Passier war ein ziemlich unscheinbares kleines Mädchen. Sie arbeitete mit den Schneiderinnen. Nur eins hatte sie für sich: sie konnte sehr gut singen.

Der arme Jean Buisson merkte erst etwas am Tage, an dem er Jeanne Passier auf der Straße begegnete. Er ging an ihr vorbei, sah nach einer anderen Seite und grüßte sie nicht, als er gerade noch Zeit gehabt hätte. Sie tat desgleichen; es ist nicht an dem Mädchen, zuerst guten Tag zu sagen. Jean hätte im selben Augenblick die Gelegenheit gern noch einmal wahrgenommen. Sie hatten gar nichts gegeneinander. Er dachte: Arme, kleine Jeanne, nicht einmal gegrüßt habe ich sie!

Er wartete mit Ungeduld auf den nächsten Tag. Er half sogar dem Zufall nach. Er wußte, wann Jeanne auszugehen pflegte und richtete es ein, ihr zu begegnen. Diesmal wußte er, was zu tun war. »Grüß Gott, Jeanne!« sagte er.

Sie erwiderte: »Grüß Gott, Jean.«

Da niemand auf der Straße war, drehten sie sich sogar um und lächelten sich zu. Jeden Tag lauerten sie einander auf, um sich zu grüßen. Sie grüßten sich jetzt auch, wenn Leute vorübergingen.

Eines Tages widerfuhr dem Jean ein Abenteuer. Es war an einem Sonntag. Er ging allein spazieren. Er kam auf einen kleinen Weg, an dem niemand vorüberkam, als er ein junges Mädchen mit einem blauen Kleid auf sich zukommen sah, von derselben Farbe wie das von Jeanne. Übrigens merkte er sehr bald, daß sie es nicht war; dennoch war er erstaunt, sah das Mädchen an und grüßte sie um der anderen willen. Er wäre fähig gewesen, sie zu lieben, nur weil sie ein Kleid anhatte wie das von Jeanne.

Dies Abenteuer war nicht das letzte. An einem Sommerabend erlebte Jean noch ein viel schöneres. Wie jeden Abend war er nach Tisch ein wenig ins Freie gegangen. Ein Weilchen schon hatte er gehört, daß jemand hinter ihm ging. Er wandte sich aus reiner Neugier um. Zum Glück hatte er das getan. Es war Jeanne, die hinter ihm herging. Sie war so selbstverständlich da, als hätte es nicht anders sein können. Sie erkannte ihn und öffnete sogar den Mund, um zu sprechen. Sie sagte:

»Ja, ich bin es. Ich mache eine Besorgung für meinen Vater. Ich gehe zu Vénuat, seinem Handwerker, um ihm zu sagen, daß er sich morgen nicht zu bemühen braucht, da mein Vater die Verabredung nicht einhalten kann, die er mit ihm getroffen hat.«

Jean redete sofort. Er sagte:

»Ich habe dich gestern abend gesehen. Du bist zum Krämer gegangen, um Zucker zu holen. Ich hätte gern auf dich gewartet, aber ich wagte es nicht.«

Sie erwiderte: »Ich habe dich vorgestern gesehen. Man sah deinen Schatten durch die Vorhänge beim Notar. Ich hätte gern an die Scheibe geklopft, aber ich fand auch nicht den Mut.«

Jeanne Passier hatte es übrigens nicht eilig. Sie ging sogar über das Haus des Vénuat hinaus, während sie plauderten. Ihrer Mutter, falls diese sich über ihr langes Ausbleiben wundern sollte, brauchte sie ja nur zu sagen, daß Vénuat nicht zu Hause war und daß sie seine Rückkehr erwartet hatte. Sie hatten sich schon lange nicht mehr die Hand gegeben. Sie holten die verlorene Zeit ein, und Jean fühlte, daß der Zeigefinger von Jeannes linker Hand zerstochen war wie ein Näherinnenfinger. Die übrige Haut fühlte sich dadurch um so weicher an.

Sie gingen eine ganze Weile die Straße entlang, aber Jeanne besann sich bald ihres Auftrages und bestand darauf, kehrtzumachen. Jean wartete etwas abseits, während sie bei Vénuat eintrat. Indem sie zurückkam, sagte sie:

»Sie waren schon zu Bett. Ich habe durch die Tür hineingerufen, was ich zu bestellen hatte.«

Sie gingen dann in der Richtung ihres Hauses weiter, und Jeanne wäre wirklich nach Hause gegangen, hätten sie sich nicht am Eingang der Stadt plötzlich trennen müssen, um von den Passanten nicht gesehen zu werden. Jean sagte:

»Noch einen kurzen Augenblick!«

Zur Linken führte da ein Weg quer durch die Gärten. Man nannte ihn übrigens den Weg der Liebespärchen. Er war hübsch und ganz oben auf dem Hügel gelegen. Von dort aus übersah man das ganze Land: die Felder, den Fluß, die Felsen, die ihm umgrenzen, den Wald von Rochefort, den ganzen Himmel und den Mond, der dort am äußersten Ende aufging. Jean betrachtete dies alles und wurde sich wohl dabei bewußt, daß er Jeanne mehr liebte als den Himmel, als den Mond, als die Felder, als den Fluß, die Felsen und den Wald von Rochefort. Endlich sagte sie:

»Ich muß nach Hause, weil die Mutter sich beunruhigen würde.«

Dieses Mal wäre sie auch wirklich heimgegangen, hätte die Nachtigall nicht angefangen zu schlagen. Als sie sich einer Baumgruppe näherten, erklang ein Ton. Bevor sie noch ihr Lied anhebt, vom ersten Ton an, ist die Nachtigall schon ganz Nachtigall. Sie blieben stehen. Jean ließ die Hand Jeannes los und deutete auf ihren Mund, damit sie den Atem anhielte. Erst als der

Vogel zu Ende war, sprach Jean: »Man sagt, daß die Liebe es ist, die sie singen macht.«

Sie schwieg und zog wohl einen Augenblick lang ihr Herz zu Rate, denn sie erwiderte: »Es stimmt, glaube ich.«

Sie überdachten diese Worte, als sie ausgesprochen waren. Erst eine kleine Weile später konnte Jeanne äußern:

»Es ist so spät... Ich habe jetzt nicht mehr den Mut, nach Hause zu gehen.«

Ohne streng zu sein, war ihre Mutter ziemlich genau. So hatte sie zum Beispiel nie gewollt, daß ihre Tochter einen Ball besuchte. Jeanne ließ von allen ihren Gedanken ab, um sich zu sagen, daß ihre Mutter sie gewiß schlagen würde. Wie spät mochte es sein? Sie hörten vom Kirchturm elf Uhr schlagen. Die Nachtigall singt länger, als man denkt.

Zwar versuchten sie den Weg wieder zurückzulegen und zu sehen, ob es noch Zeit wäre, nach Hause zu kommen; als sie jedoch nahezu Vénuats Haus erreichten, hörten sie Geräusche von Schritten und von Stimmen. Es kam beiden alsbald derselbe Gedanke: sicher war es Jeannes Mutter, die endlich wissen wollte, wo ihre Tochter blieb und bei Vénuat nach ihr fragte. Wahrscheinlich war sie zornig. Jeanne sagte:

»Ich warte hier auf dich. Geh leise und sieh zu, wer es ist.«

Jean verbarg sich hinter einer Hecke, und trotz der Dunkelheit erkannte er die Mutter Jeannes. Was tun? Jean sagte:

»Wäre ich ein Jahr älter, so würde ich sagen, daß ich dich heiraten will. Aber ich bin erst siebzehn.«

Die ganze Nacht hindurch rieten sie hin und her. Und dann befanden sie sich so wohl nebeneinander! Alle Befangenheit war von ihnen gewichen. Sie küßten sich. Sie küßten sich überall: auf die Wange, auf die Augen, auf die Stirn, auf die Haare. Dennoch wagten sie nicht, sich auf den Mund zu küssen, weil dies sehr unrecht ist. Auch weinten sie ein wenig.

Es mochte reichlich ein Uhr morgens sein, als Jeanne sagte:

»Willst du, daß wir uns nie verlassen?«

In der Tat, sie verließen sich nicht mehr. Gegen zwei Uhr setzten sie sich am Rande eines Grabens, um ruhig zu überlegen. Um drei Uhr saßen sie noch da. Erst gegen vier Uhr sagte Jeanne:

»Wir haben sehr unrecht getan.«

Ein wenig später tagte es, und die ersten Vögel, unter welchen sich gewiß die Lerche befand, belebten den Morgen. Schon hörte man Wagengerassel von der Straße herüber. Als sie am wenigsten daran dachten, sahen sie einen Bauern, der, sein Handwerkszeug auf der Schulter, auf sie zuging. Jean erkannte ihn; es war der Vater Burlot. Sie flohen. Sie hatten zu lange gezaudert. Sie mußten laufen. Der Fluß zog sich unten dahin. Nie würden sie wagen, wieder nach Hause zu gehen. Dabei waren sie erschöpft und wußten nicht recht, was sie anfingen, weil sie die Nacht durchwacht hatten.

Es mochte fünf Uhr sein, als sie in eine Wiese einbogen, die vom Fluß umgrenzt war. Dort war eine kleine Böschung. Langsam glitten sie hinein. Jean hielt Jeanne bei der Hand, damit sie sich nicht zu weh tat.

DIE HÜNDCHEN

Hätte Roussel gewußt, er würde sein Schicksal hingenommen haben. Der Regen tropfte freilich zu ihm herein, wenn ein Gewitter kam, die Fliesen in seiner Behausung waren aufgerissen, der Kamin war in so schlechtem Stand, daß der Ofen, den er hatte setzen lassen, um des Kamins zu entraten, ebenso rauchte wie jener. Selbstredend schlossen die Fenster nicht, sobald es regnete. Das Stiegenhaus war nur bis zum dritten Stock beleuchtet; man riskierte einen Beinbruch, sechs Wochen im Spital zu liegen, und nicht einmal die Miete zahlen zu können. Die Klosetts waren derartig, daß er Holzschuhe für sich und seine Frau hatte kaufen müssen, um hinzugehen, und einen Eimer für die Kinder, denn sie wären sonst ernstlich gefährdet gewesen. Roussel hatte unrecht. Das Haus war alt, man hätte es abreißen sollen. Man kann von den Hausbesitzern nicht verlangen, daß sie ihre Häuser abreißen. Eines Tages war er in Zorn geraten:

»Ich kündige. Es gibt noch andere Hausbesitzer.« In der Tat. Es gab auch andere Hausbesitzer. Auf jeden Fall durfte Roussel nie erfahren, wie man bei ihnen aufgehoben war. Es gab immer einen Punkt, über den man sich nie verständigen konnte, wenn seine Frau Wohnungen besichtigte. Roussel hatte fünf Kinder. Es traf sich, daß man überall Anstoß daran nahm, auch wenn es nur vier gewesen wären. Eines Tages riß der Frau Roussel die Geduld. Sie fuhr auf:

»Schon gut. Ich warte die nächste Cholera ab, bevor ich wieder anfrage.«

»Herrgott noch einmal!« sagte Roussel, »halte jetzt einfach in den großen Vierteln Umschau und sage, daß du fünf Hündchen hast.«

Jetzt wunderten sie sich nicht mehr, daß sie keine Wohnung fanden, sondern, daß man sie acht Jahre in demselben Haus geduldet hatte. Vielleicht lag es einfach daran, daß sie als Neuvermählte einzogen und keine Kinder hatten. Die Frau sagte:

»Nun muß ich sie auch noch verleugnen!« Sie tat, wie ihr Mann ihr geraten hatte. Sie verließ das Viertel von Montrouge und wählte in der Nähe des Lion de Belfort ein Haus mit Steinveranden, dessen Tür vergoldet war, und wo die Fenster, um reichhaltiger auszusehen, mit Butzenscheiben ausgestattet waren. Es wohnten dort ein Arzt, ein Architekt und ein Zahnarzt. Sie machte es wie diese und tat sehr großartig:

»Ich habe fünf Hunde, fünf Luxushündchen mit Paletots.«

Und auf eine Reinlichkeitsanfrage von seiten der Portiersfrau erwiderte sie:

»Eine Gräfin hat sie mir geschenkt.«

Der Tag des Umzugs war ein Fest. Es war eine gute Idee, sich in einem schönen Hause einzumieten. Der Teppich lief bis zur fünften Etage, und dort oben fühlte man sich so befriedigt, ein Haus mit einem Teppich zu bewohnen, daß er nicht höher zu reichen brauchte. Auf der sechsten Etage bezogen sie eine Wohnung mit zwei Zimmern. Es ist immer vorteilhaft, mit den

Reichen so nahe Nachbarschaft zu pflegen. Für den Fall, daß sie sich um ein Stockwerk irren sollten, hatte der Hausbesitzer einen hellen und sauberen Vorplatz hier oben angelegt. Die Aussicht war schön; wohl oder übel mußte es dieselbe sein wie für die anderen Etagen. Die Wohnung Roussels sah auf den Friedhof von Montparnasse.

Es gab einen peinlichen Moment, als die Kinder hinaufgeschafft werden sollten. Man wartete die Dunkelheit ab. Sie blieben alle fünf an der Ecke der Straße zurück. Man hatte ihnen gesagt: »Ihr seid Hündchen.« Die Mutter holte eins nach dem anderen ab und trug es in ihrer Schürze davon. Sie rollten sich zusammen, um weniger Platz einzunehmen. Das fünfte, das schon sieben Jahre zählte, war zu groß, um in eine Schürze zu gehen. Die Mutter wickelte es in ein Leintuch. Es hatte sich arg gefürchtet, während es ganz allein wartete.

Man beschloß, den ersten Tag ganz still zu bleiben. Die Mutter hatte aus einer alten Hose des Vaters Socken für die Kleinen zugeschnitten. Sie hatten nie welche getragen, und da man ihnen sagte, daß man in Socken wenig Lärm macht, übten sie sich ein, leise zu gehen. Es machte ihnen viel Spaß, kleine Hunde zu sein. Es war nur schade, daß sie nicht auch vier Pfoten hatten, ein Fell und große Ohren.

»Die wachsen euch schon, wenn ihr recht brav seid«, sagte die Mutter.

Ungeduldig befühlten sie des öfteren ihre Haut, um zu prüfen, ob die Verwandlung sich noch nicht einstellte. Am meisten freuten sie sich, wenn sie konstatierten, daß ihre Nasenspitzen schon kalt waren.

Dennoch war der Nachmittag gar lang. Es waren kleine Kinder, die für gewöhnlich zur Schule gingen. Sie wußten, daß man mit allerlei Kameraden zu spielen, während man mit seinen Geschwistern zu streiten pflegt. Es waren da immer vier, die einen fünften bedrängten. Die Mutter hatte alle Mühe, den Frieden aufrechtzuerhalten, und es gelang ihr nur, indem sie sagte:

»Der erste, der noch schreit, wird kein Hündchen werden.«

Der zweite Tag ging leidlich vorüber. Die Mutter erfand ein anderes Spiel. Die Kleinen waren betrübt, als sie des Morgens erwachten und fragten:

»Gelt Mutter, es ist nicht wahr, daß wir kleine Hunde sind.«

Sie erwiderte:

»Aber nein, ihr seid kleine Kinder, und wenn ihr was Schönes sehen wollt, so geht ans Fenster und schaut euch den Kirchhof an.«

Den hatten sie schon gestern gesehen, aber ohne darauf zu achten, weil doch kleine Hunde für Naturschönheiten keinen Sinn bezeigen. Ein Glück, daß es so viele Tote gab auf der Welt, denn der Friedhof war groß. Sie erfuhren, daß der wirkliche Himmel viel größer sei, als was zwischen zwei Häuserreihen von ihm zu sehen war. Schon mehrmals hatten sie dies bemerkt, als sie am Sonntag im Park Montsouris gewesen waren, aber selbst wenn sie sich dessen erinnert hätten, würden sie es gerne vergessen haben, um den Friedhof noch schöner zu finden. Und dann enthielt er auch Vögel. Die Vögel, die sie früher im Schulhof erblickt hatten, waren Marodeure. Sie blieben nicht lange, sondern verschwanden mit einem Male. Wohin fliegen die Vögel, wenn sie fliegen? Sie fliegen nach Hause. Aber wo wohnen denn die Vögel? Jetzt vernahmen sie, daß sie im Friedhof von Montparnasse wohnten. Zu fragen, was denn eigentlich ein Friedhof sei, fiel ihnen erst viel später ein. Ihre arme Mutter konnte sich nicht beruhigen, daß sie ihre Kinderlein für Hunde ausgegeben hatte.

»Ein Friedhof«, antwortete sie, »ist der Ort, wo man die Toten hinbringt. Seht ihn euch an ohne Furcht. Die Toten sind die einzigen, welche den Kindern nichts zuleide tun.«

Sie fanden heraus, daß ein Friedhof weiße Steine und kleine Häuschen enthält. Sie hätten gern in einem derselben gewohnt, aber dazu hätten sie ja Tote sein müssen. Sie wandten sich an die Mutter.

»Es wäre freilich besser. So allein hat man Ruhe auf der Welt.«

Sie hatten jetzt endlich begriffen, daß sie nicht glücklich waren, und mehr noch, sie errieten, daß sie Hunde gewesen seien und sodann bei den Toten gelebt hatten, einfach, weil die Menschen böse sind. So zwar, daß gegen Abend der Ältesten, die ein Mädchen war, etwas Schreckliches widerfuhr. Die Mutter hatte beschlossen, daß eines der Kinder unter der Bedingung, keinen Lärm zu machen, auf den Gang hinaus könnte. Sie schickte die Älteste an den Brunnen. Sie sagte zu ihr:

»Solltest du jemandem begegnen, so komm zurück.«

Und so geschah es. Klopfenden Herzens und ganz blaß kehrte sie wieder und hatte so Fürchterliches zu erzählen, daß sie es kaum hervorbrachte. Sie war einem Manne begegnet. Die Zunge hing ihm heraus, und er pfiff wie eine Schlange. Er hatte rote Augen und hatte sie angesehen, um sie in einen Stein zu verwandeln. Er hatte an den Lippen Zähne auf jeder Seite und wollte sie fressen.

Dies war der Gesichtspunkt, unter welchem die Kinder Roussels nunmehr die Menschen ins Auge faßten.

Am dritten Tage ließen sie sich durch nichts ablenken. Es war, als wüßten sie. Sie blieben alle fünf sitzen. Sie senkten die Augen, blickten auf ihre kleinen Hände, ihre Füßchen, ihre Beinchen. Sie waren sich irgendwie bewußt, daß sie kein Recht hatten, einen Körper zu besitzen. Sie schämten sich über alles, was sie an sich wahrnahmen, schrumpften ein und zogen sich innerlich zurück, um höchstens ein kleines Etwas zu sein, das niemandem im Wege stand. Es gelang ihnen nicht, und sie weinten. Sie weinten still; und wem die Tränen in den Mund flossen, der schluckte sie ohne Klage hinunter.

Roussel kannte sich zuletzt nicht mehr aus. Er beschloß folgendes eines Abends nach der Suppe: sie würden alle hinuntergehen, Vater, Mutter und die fünf

Kinder, und auf der Stiege so viel Lärm machen, als es sieben Personen möglich ist. Sie gelangten zur Portierloge; sie glich dem Bureau eines Polizeibeamten. Dort stellten sie sich auf und riefen wie aus einem Halse:

»Es lebe der Sozialismus!«

Der Portier und seine Frau traten hervor, als sie dies hörten. Der Portier sah aus wie ein Soldat, denn alle Reichen sind Offiziere. Roussel wartete nicht ab, daß sie etwas vorbrachten. Er sagte zu diesen zwei Personen, obwohl sie nur zwei waren:

»Lakaiengesindel! Ihr riskiert nicht, daß er kommt. Er mißfiele ja euren Gebietern. Aber sagt nur ein Wort, und ich rufe noch dreimal.«

Der Portier war wütend und verriet seine Meinung in einem einzigen Wort. Er sagte:

»Schwein!«

Ist es, weil er dies unvorsichtige Wort ausstieß und vom Hausbesitzer gerügt zu werden fürchtete, jedenfalls blieb Roussel unbehelligt, so daß er beschloß – nicht ohne seine Miete zu zahlen, versteht sich –, auch in diesem Hause acht Jahre zu verbleiben.

ZWEI APACHEN

Sie hatten soeben den Bericht der vierfachen Hinrichtung gelesen. Hätten Bébert und Loulou zu den ehrlichen Leuten gehört, sie würden wie viele andere gedacht haben: am liebsten hätten wir sie selbst guillotiniert. Aber sie gehörten zur anderen Partei, und sie dachten:

»Ihr glaubt, daß ihr uns einschüchtert durch den Tod. Wir werden euch zeigen, daß uns der Tod nicht schreckt.«

Übrigens kamen sie sich beide recht geringfügig vor, verglichen mit den eben Hingerichteten. Obwohl sie zwanzig Jahre alt waren, hatten sie noch kein Strafregister aufzuweisen, und wenn sie noch ein Jahr so verbrachten, würden sie ihren Militärdienst nicht einmal in den afrikanischen Bataillonen verrichten, wie alle Männer, zu welchen sie aufblickten.

Sie saßen beim Absinth in einer Bar. Loulou wollte keinen Augenblick länger an sich halten. Am Nebentisch hatten sich drei Beamte Rotwein servieren lassen. Ihnen wollte Loulou sofort zeigen, daß ihm nicht bange war. Er griff nach dem Glas mit Rotwein, das am nächsten stand, und obwohl es ihm seinen Absinth nur verderben konnte, leerte er es auf einen Zug.

Leider kam es zu keinem Streit. Die Beamten waren so überrascht, daß sie ihren Augen nicht trauten. Als ihnen die Sache klar wurde, hatte sich Loulou schon den Mund mit der Hand gewischt und öffnete geruhsam die Türe, um zu gehen. Bébert folgte ihm.

Übrigens wären sie fast umgekehrt. Hinter ihnen erscholl ein mächtiges Gelächter. Aber sie zögerten nur einen Augenblick; alles in allem waren das Leute, auf die man pfiff.

Sie kamen zum Boulevard Sébastopol. Es schlug acht Uhr. Auf den Straßen war das Acht-Uhr-Abend-Publikum zu sehen.

Sie sahen etwas, das sie für einen Augenblick belustigte. Sie kamen vor einem Schuhladen vorbei, und ihr Auge hing sich an die aufgetürmte Ware. Hutlos, in seiner grünen Schürze und seinen Staubwedel führend, hielt der Besitzer darüber Wacht. Sie nahmen die Gelegenheit wahr: Loulou pflanzte sich vor ihm auf, und mit einem kühnen Fußtritt mitten in die Schuhkörbe hinein ließ er wohl ein Dutzend Paare auf das Pflaster fliegen. Der Verkäufer sah alsbald, mit wem er es zu tun hatte. Er wagte kein Wort und las seine Schuhe schweigend auf. Loulou warf ihm entgegen:

»Mir macht keiner bange, wissen Sie!«

Jeder befühlte das Messer in seiner Tasche.

Sie führten ja keine Klappmesser, wie man immer glaubt. Es würde zu lange dauern, wollte man das Messer öffnen. Ihr Waffe bestand aus einem breiten Messer, daß in einem Holzgriff stak, und dessen Spitze, damit die Taschen nicht rissen, einen Stöpsel trug. Sie machten sich nichts aus Revolvern. Es ist ja kein Verlaß darauf, und man erreicht nicht immer sein Ziel. Das offene Messer ist schrecklicher; beliebig zu gebrauchen, und dann ist da etwas in der Gegend des

Handgelenkes, das nie versagt: der Mut des Mannes, der es zieht.

Sie erreichten den Boulevard St. Michel um halb neun Uhr. Viele Leute hatten schon zu Abend gegessen und ergingen sich etwas im Freien, bevor sie die Stickluft der Cafés aufsuchten. Es waren ihrer so viele, daß an manchen Kreuzungen der Verkehr stockte. Bébert und Loulou drangen in den Haufen ein, wie sie ihn nannten. Ihre Schultern waren ihnen dabei dienlich und versetzten Stöße nach allen Seiten. Es war ihnen, als zögen sie, mit der Hand in der Tasche das Messer haltend, mit großen Messerstichen geradewegs auf die Studenten los.

An andern Stellen, wo der Zudrang geringer war, kreuzten sie sich mit einem Ehepaar, dessen Züge sie betrachten konnten. Dabei trugen sie einen neuen Sieg davon: durch ein lautes Aufstoßen, so recht mitten in die Gesichter der beiden hinein, zeigten sie ihnen mit aller Macht, daß sie, Bébert und Loulou, zwei Männer waren, welche taten, was ihnen beliebte.

Sie gingen mit großen, hallenden Schritten ihres Wegs. Wohin gingen sie? Sie wußten es nicht. Dorthin steuerten sie, wo Bébert und Loulou, Herr über die Gesetze geworden, als zwei stolze Helden auf die Großtaten herabsehen würden, welche sie vollführt hatten.

»Sieh da, sie wollen die Apachen umbringen«, sagten sie.

Bébert und Loulou würden es ihnen schon zeigen! Und in ihrer Phantasie griffen sie schon dem Schicksal vor. Sie sahen sich schon nach vollbrachter Tat im Gefängnis und draußen vor den Mauern den heulenden Haufen derer, welche, von ihren Messerstichen gezeichnet, durch ihr Geschrei bewiesen, daß sie die Männer nicht vergaßen, von welchen sie gebändigt worden waren.

Vor der Statue von Pelletier-Carenton trafen sie einen Polizisten. Er stand mit gekreuzten Armen in seinen Rohrstiefeln da und hatte neben sich eine kleine Dienstmagd, mit der er scherzte. Sie glaubten in ihm denjenigen zu sehen, der eines Tages ihre Verhaftung vornehmen würde. Sie verübelten es ihm in keiner Weise. Sie sahen ihn mit einem aufmunternden Lächeln an. Die kleine Magd war niedlich. Ihre Blicke kreuzten sich mit denen des Polizisten. Sie lächelten wieder. Sie lächelten dem Manne zu, der eines Tages, indem er sie durch die Gefängnispforte brächte, das Werkzeug ihres Ruhmes sein würde.

»So, so, sie wollten die Apachen um die Ecke bringen!« wiederholten sie.

Sie gingen ein Stück weiter und erblickten einen Betrunkenen. Die Beine versagten ihm, sein Kopf schien bei seinen Füßen angelangt; er unterhielt sich mit dem Straßenpflaster. Er sagte: »Ich geh heim. Ich tue niemandem etwas. Ich bin ein Handwerker, und ich geh jetzt heim.«

Es fiel ihm so schwer, heimzugehen, daß er davon redete. Sie rempelten ein wenig gegen ihn an und lachten, weil er, um nicht zu stürzen, eine ganze Strecke vorwärts laufen und Zeit gewinnen mußte, um seine Körperschwere wieder ins Gleichgewicht zu bringen. Er hielt inne, um seine Kräfte zu sammeln, sie anzusehen und ihnen zu erklären:

»Ich geh heim. Ich tue niemandem etwas. Ich bin ein Handwerker und geh heim.«

Er mußte für die andern herhalten. So, so, sie wollten die Apachen töten, sieh da! Loulou nahm das Wort:

»Du willst uns umbringen, du Schwein!« Es kam ihnen ein Einfall:

»Wenn wir ihn ein wenig ritzten, um ihm Mut zu geben!«

Sie zogen ihre Messer heraus, ließen den Stöpsel in ihrer Tasche und gaben ihm fürs erste ein paar leichte Stiche in den Rücken. Sie hatten dabei ein Gefühl, als ob sie die ganze Gesellschaft träfen und sich an ihr rächten. Es geschah etwas, was sie nicht dulden konnten. Es war wie ein Protest der Gesellschaft: der Mann fing an zu schreien. Er schrie so laut, der Lump. Was! aufbegehren wollte der auch noch! Loulou würde seiner gleich Herr werden, nur Geduld. Er wiederholte:

»Du willst uns töten, du Schwein!«

Er schwang das Messer und stieß es in den Rücken des Betrunkenen. Die Klinge war gut geschliffen. Sie drang tief hinein. Der Mann stürzte.

Loulou nahm sich noch Zeit, seine Waffe am Rock des Verwundeten abzuwischen. Dann steckte er sie in die Tasche und bog mit seinem Freunde Bébert ruhigen Schrittes links in eine kleine Seitengasse ein und lenkte seine Schritte nach der Rue Saint-Jacques zurück.

DIE BEGEGNUNG

Er ging an ihr vorbei, dann war er naiv genug, zu glauben, daß er nur vor einem Schaufenster zu warten brauchte und sie dann bei ihm stehenbleiben würde. Dies geschah mitnichten, und sie ging ruhig weiter.

Da entschloß er sich, sie anzusprechen. Sie war ebenso bösartig zu ihm, als sie es die ganze letzte Zeit gewesen war. Sie stellte sich erstaunt und sagte:

»Was nicht gar, es hieß doch, du seist gestorben.«

Daraufhin war er alsbald fürchterlich gereizt. Wäre er also gestorben, so hätte sie weitergelebt, als ob nichts geschehen wäre.

Sie war sehr elegant angezogen. Er hätte nicht zu sagen vermocht, ob der Mantel, den sie trug, Seal, Kaninchen oder Astrachan war. Er wußte nicht einmal, woraus ihre Kleidung bestand. Fast reute es ihn, daß er sie angesprochen hatte, und er fühlte sich gleich sehr klein in ihrer Nähe. Er versuchte es mit einer Neckerei.

»Mir scheint ja, du machst gute Geschäfte, wie?«

Sie erwiderte:

»Eine gute Idee war das schon von dir, die Scheidung einzureichen. Mir ist sie gut bekommen.«

Einen Augenblick ging er mit einem recht albernen Gefühl neben ihr her. Er sah aus, als ginge er ihr nach, und sie munterte ihn nicht dazu auf; er sah aus wie ein Mann, der eine Frau belästigt, die er soeben auf der Straße getroffen hat. Und als er sie fragte:

»Was treibst du?« fuhr sie fort zu gehen, indem sie sagte:

»Ich gehe, wie du siehst.«

Sie kamen auf die Weise bis zur Bastille. Mittendrin mußte er nach rechts abschwenken zur Bahn, wo er seinen Zug erreichen mußte. Er wollte nach dieser Richtung einbiegen. Sie deutete nach links und sagte:

»Ich gehe dorthin.«

Sie hielt inne, aus Höflichkeit, bevor sie sich von ihm abwandte. Mit einer gewissen Prahlerei zeigte sie ihm, daß sie wußte, was sich schickt. Er wußte nicht, wie er sich von ihr verabschieden sollte. Sie hätte erzählen können, er sei ihr nachgelaufen und sie habe ihn zurückgestoßen. Ein Café lag gegenüber. Um vorzubeugen, daß sie sich mit solchen Redensarten brüstete, geschah es, daß er ihr vorschlug:

»Wenn du es nicht zu eilig hast, könnte man dort einen Augenblick einkehren.«

Sie lachte hell auf, besann sich einen Augenblick und rief endlich aus:

»Meinetwegen! Denn es wird amüsant sein.«

Sie gingen hinein. Sie setzten sich einander gegenüber und warteten, daß man ihnen einen Chinawein servierte. Man brachte ihn.

Dann geschah etwas sehr Seltsames. Die Frau insbesondere war nicht darauf gefaßt. Dem Manne stand alsbald das Vokabularium zu Gebote, das er früher ihr gegenüber gebrauchte. So pflegte er, wenn er allabendlich ums sechs Uhr von seinem Bureau heimkehrte, sie mit einem: »Also, was ist?« zu begrüßen. Es sollte heißen: »Also, was hat sich während meiner Abwesenheit zugetragen?« Sie hatten sich acht Jahre nicht gesehen. Als er den Mund öffnete, entfuhren ihm drei Worte:

»Also, was ist?«

Niemals sagte er sie zu einer anderen Frau.

Sie konnte nicht umhin, zu lächeln und ein wenig zu nicken, als sie die drei vertrauten Worte vernahm.

Ihr aber widerfuhr etwas Ähnliches. Sie pflegte, wenn er ausging, ihn von Kopf bis Fuß zu prüfen, und dann an seinem Anzug etwas auszusetzen. Er wäre immer recht schlampig dahergekommen, hätte sie nicht achtgegeben. Unwillkürlich musterte sie sein Äußeres und sagte:

»Ich sehe, daß du noch immer nicht gelernt hast, deine Krawatten zu binden. Komm, beuge dich ein wenig vor, daß ich sie dir richte.«

Er lachte. Ja, es stimmte. Seine Krawatten trug er aufs Geratewohl. Er neigte sich, und sie band sie ihm mit großer Sorgfalt. Er warf dann einen Blick in den Spiegel des Cafés, und sie setzte lachend hinzu:

»Es ist wirklich komisch. Es stört mich heute noch, dich unordentlich zu sehen.«

Alle Hemmungen waren von ihnen gefallen.

Er erzählte ihr alles, was er in diesen acht Jahren erlebt hatte; so wie er ihr früher den Verlauf seiner Nachmittage erzählte.

Er hatte ein Jahr nach der Scheidung wieder geheiratet. Er hatte zwei Kinder: zwei kleine Mädchen. Die ältere war sechs, die zweite fünf Jahre alt. Er ging immer noch auf sein Bureau. Er wohnte in Saint-Mandé. Als er sie vorhin traf, wollte er eben den Zug nach Vincennes nehmen. Als er ihr dies erzählt hatte, wußte sie alles von seinem Leben. Er schwieg.

Es war doch wirklich eigentümlich. Je mehr er sie ansah, desto deutlicher erkannte er, daß er sie nie richtig angesehen hatte. Als sie verheiratet waren, hatte er immer geglaubt, ihre Augen seien blau. Nach der Scheidung meinte er immer, wenn er an sie dachte, er wußte selbst nicht warum, daß sie grau seien; hellgraue, schöne Augen, fürwahr! Man sah ihnen wohl an, daß sie nicht dumm war. Er teilte ihr diese Feststellungen mit. Sie sagte lachend:

»Siehst du wohl, du hast mich nie verstanden.«

Sie interessierte sich für alles, was ihn anging. Um noch besser im Bilde zu sein, fragte sie:

»Und deine Frau, wie ist sie?«

»Soll ich dir's eingestehen, Alice? Man hat halt doch nur eine Frau: die erste. Später heiratet man nur eine der Küche wegen, und um Kinder zu haben.«

Wie traurig fühlte er sich, als er diese Worte ausgesprochen hatte! Wie glücklich hätten sie sein können, wenn sie nur gewollt hätte. Er kam darauf zurück. Er sagte:

»Ach, warum hast du mich so betrogen!«

Er fand es merkwürdig, daß sie, die in den letzten Zeiten ihres Zusammenseins auf ihre Schlechtigkeit erpicht war und immer recht haben wollte, sanft und offen zur Antwort gab:

»Ja, siehst du, ich war acht Jahre jünger als heute. Man ist dumm in der Jugend.«

Sie war liebenswürdig zu ihm, wie in den Anfangszeiten ihrer Ehe, wo sie sehr gutherzig war und man sie immer bei ihren guten Seiten nehmen konnte. Er fragte sie:

»Du hast mir nicht gesagt, was du in diesen acht Jahren erlebt hast.«

Sie antwortete:

»Mein Lieber, du möchtest es doch selber nicht hören. Du kannst dir wohl denken, was eine geschiedene Frau erlebt.«

Da sagte er zu ihr:

»Was mich tröstet, Alice, ist, daß du nicht im Elend bist.«

Sie saßen sich als zwei gute und recht traurige Freunde gegenüber. Sie entschuldigte sich bei ihm:

»Du darfst es mir nicht nachtragen, daß ich unfreundlich war, als du mich vorhin angesprochen hast. Ich habe mich aufs hohe Roß gesetzt. Es wäre ja in der Tat viel besser gewesen, ich hätte dir keine Antwort gegeben. Du siehst, es war nicht richtig. Jetzt werden wir unglücklich sein, wenn wir aneinander denken.«

Übrigens blieb ihnen keine Zeit, um noch lange zu reden. Die Uhr im Café schlug schon halb acht. Sie wollte nicht, daß er Unannehmlichkeiten habe. Sie sagte:

»Ich möchte dich nicht zurückhalten, Paul, deine Frau wäre beunruhigt.«

Er antwortete:

»Ach ja, die Arme, wie sehr wäre sie es, wenn sie wüßte, woran ich heute abend denke.«

Sie gaben sich die Hände wie zwei arme Kameraden, die kein Glück im Leben gehabt haben.

DER BESUCH

Das erste, was Marguerite dachte, als sie den Brief durchgelesen hatte, den ihr Vater ihr schrieb, war, daß ihr etwas widerfuhr, was noch keiner erlebt hatte.

Sie war die Tochter von Michel Dubost. Sie hatte kein Glück gehabt. Mit drei Jahren verlor sie ihre Mutter. Einen Monat hindurch verbrachte sie dann ihre Tage mit ihrer vierjährigen Schwester Léontine bei ihrer Tante, und abends kam sie nach Hause zurück.

Eines Abends aber kehrte ihr Vater nicht heim. Man hatte sich die ganze Nacht geängstigt. Wohl oder übel hatte man die Kinder im Bett ihrer kleinen Verwandten untergebracht. Am folgenden Morgen erzählte ein Mann, Michel Dubost habe erklärt, er könne so nicht leben, und eines Tages würde er auf und davon gehen. Er war achtundzwanzig Jahre alt, ein Zimmermann und dem Trunke ergeben.

Die Damen der Stadt hatten sich der zwei kleinen Mädchen angenommen und sie in ein Kloster in Bourges gebracht. Dort hatten sie eine Schwester namens Clotilde gekannt, die ihnen sehr gut war. Léontine starb mit zehn Jahren. Anfangs vergaß Marguerite über Nacht, daß sie ihre Schwester verloren hatte, so daß sie sich ganz benommen fühlte, wenn des Morgens beim Aufstehen die Stunde schlug, wo sie gewöhnlich zu ihr hinging, um sich die Zöpfe flechten zu lassen.

Mit dreizehn Jahren kam sie als Hirtin zu einer

Pächterin. Immerzu zählte sie ihre Schafe in der Angst, eines verloren zu haben. Sie hatte auch bei anderen Pächtern gedient, doch ohne bleiben zu können, weil ihre Kräfte nicht reichten. Dann hatte sie in Bourges in einer Patronenfabrik gearbeitet, und als diese schlechte Geschäfte machte, schickte man sie in die von Vincennes. Dort stellte sich heraus, daß sie sehr gut nähen konnte. Sie kam nach Paris, wurde Näherin und besuchte ein Schneideratelier. Glücklicherweise, denn sonst hätte sie ihr ganzes Leben lang Fabrikarbeiterin bleiben können.

Sie war jetzt zweiundzwanzig Jahre alt, und nun hatte sie diesen Brief erhalten. Ihr Vater hatte ihn geschrieben. Er war nicht tot, wie sie hatte glauben können. Er war in Paris und würde sie am folgenden Sonntag gegen zwei Uhr besuchen. Wie merkwürdig war das Leben! Wenn es etwas gab, was sie nicht erwartet hatte, so war es fürwahr dies!

Was ihr dabei sehr in die Quere kam, war, daß sie jeden Sonntag mit einer ihrer Freundinnen, Louise Duroches, spazieren und abends mit ihr essen ging. Gleichviel! Ihren Sonntag wollte sie nicht opfern. Sie erwähnte nichts vor ihrer Freundin. Außerdem war ja ihr Vater schuld an allem Unglück, das sie erlebt hatte. Seinetwegen würde sie nichts an ihren Gewohnheiten ändern. Aber neugierig war sie doch, wie er wohl aussehen mochte.

Er erschien nicht um zwei Uhr, wie er gesagt hatte, wahrscheinlich trieb ihn die Ungeduld, und er kam eine halbe Stunde früher.

Er hatte lange überlegt, ob er ein Veilchenbukett oder Orangen bringen sollte, aber er hatte Orangen gewählt, weil sie eßbar waren. Er brachte sie mit. Er wollte durchaus seiner Tochter ein Geschenk machen.

Er trug sich wie ein Arbeiter in Schwarz, mit einem breitgeränderten Filzhut und einem blauen Gürtel. Er war ganz ergraut.

Als er die Orangen auf den Tisch gestellt hatte, merkte sie, daß ihm zwei grobe Arbeiterhände an den Armen anhingen. Sie waren so schwer, daß sie ihm im Wege schienen. Er wußte nicht, was mit ihnen anfangen. Er versuchte sie zu kreuzen, aber die Finger an jeder Hand waren zu dick, um zwischen denen der anderen Raum zu finden. Nach einem Weilchen nahm er, ohne etwas zu sagen, seinen Hut ab und steckte seine Hände darunter, um sie zu verstecken. Marguerite hätte am liebsten gelacht.

Sie hatte sich den Unterschied, der zwischen einem Vater und einem anderen Manne bestand, nie deutlich vorgestellt.

Er war rot, trug einen Vollbart, und seine Wangen waren voller Runzeln. Es hätte ihr nicht gepaßt, einen so alten und so bärtigen Mann küssen zu müssen. Sie ermunterte ihn nicht sonderlich zum Reden. Da sie tat, als sähe sie die Orangen nicht, die er auf den Tisch gelegt hatte, sagte er:

»Ich habe dir zwei Orangen gebracht.«

Sie stellte sich verwundert und sagte:

»Sind sie denn für mich?«

Sie nahm sie. Auf dem Kamin stand eine Schale, und sie legte sie hinein. Jetzt sah man sie nicht mehr. Es verdroß den Vater. Es war, als hätte er gar nichts mitgebracht.

Da Marguerites Neugierde nunmehr befriedigt war und sie ihren Vater gesehen hatte, war sie eher verlegen, mit einem Mann zusammen zu sitzen, mit dem sie nicht gewohnt war, zu reden. Auch war sie ja nicht gerade zufrieden mit ihm. Er fragte sie:

»So ist denn die arme Léontine gestorben?«

»Ja, sie ist tot«, sagte sie, »und wahrlich nicht seit gestern. Es sind dreizehn Jahre her.«

Er wollte Näheres wissen.

»Und wie starb sie?«

Sie gab endlich zur Antwort:

»Wie soll ich das wissen? Ich war neun Jahre alt. Wenn du Einzelheiten hören willst, mußt du sie nicht von mir verlangen. Du mußt im Kloster anfragen.«

Übrigens fuhr sie nicht in diesem Tone fort. Seitdem sie den Brief ihres Vaters erhalten hatte, war sie sehr unruhig geworden. Sie fürchtete eine Szene, Tränen, mit einem Wort, daß ihr Zimmer der Schauplatz einer jener Auftritte zwischen einem Mann und einer Frau werde, die so peinlich sind, wenn der eine die Gefühle des anderen nicht teilt. Würde er sie am Ende seine Tochter nennen und sie an sein Herz drücken? Nur um einer solchen Peinlichkeit vorzubeugen, tat sie ihr Möglichstes, die Zeit auszufüllen. Sie redete.

Sie fragte ihren Vater, wie er ihre Adresse erlangt hatte. Dies interessierte sie übrigens. Er erwiderte, daß er sie von seiner Schwägerin – »deiner Tante«, sagte er – erhalten habe. In der Tat schrieb Marguerite jedes Neujahr an die arme Alte.

Dann fragte sie ihn, was er in Paris wolle. Er war wie viele andere: er arbeitete im Métropolitain. Aber zuvor, nachdem er von zu Hause fortging, hatte er zehn Jahre in Nevers bei einem Meister im Dienst gestanden. Die einzige Andeutung, die er an die Vergangenheit machte, war die folgende. Er sagte:

»Es haben mir gewiß viele alles Schlechte nachgesagt. Ich bin nicht so schlecht, als man glaubt, da ich zehn Jahre lang in demselben Hause blieb.«

Sie war froh, als sie zwei Uhr schlagen hörte, denn Louise Duroches würde jetzt, wie jeden Sonntag, nicht mehr lange ausbleiben. Mittlerweile erzählte sie ihrem Vater einiges von ihrem Näherinnendasein. Sie dehnte diese Berichte nach Möglichkeit aus. Sie nannte sogar den Namen ihrer Meisterin. Er war komisch. Sie hieß Mme. Donquichotte.

Louise erschien um einviertel nach zwei Uhr. Der Vater benahm sich, als sei er auf einer Staatsvisite begriffen. Er erhob sich, als das junge Mädchen eintrat. Er ließ seinen Hut fallen, denn er war ungeschickt und fühlte sich von Feierlichkeiten beengt. Als er ihn aufgehoben hatte, sagte er:

»Ich sehe, daß ich störe.«

Die Tochter erwiderte: »Die Sache ist die, Louise und ich gehen am Sonntagnachmittag zusammen spazieren.«

Er betrachtete übrigens diese Louise Duroches mit

Aufmerksamkeit. Sie war blond. Sie war nicht, wie er befürchtete, nach der neuesten Mode gekleidet. Sie sah sogar recht linkisch drein. Man sah ihr an, daß sie eine Handwerkerin war, ihr Rücken war ein wenig gewölbt, wie bei arbeitenden Leuten.

Zum Abschied sagte er einige Worte, wie sie einem Vater geziemen.

»Also, auf Wiedersehen, Marguerite. Ich freue mich, dich gesehen zu haben. Geht schön spazieren. Ich war wegen deines Umgangs ein wenig besorgt, aber ich sehe, daß deine Freundin ein ernstes Mädchen ist.«

DIE LÖWENJAGD

Warum in aller Welt war Lucien Guilmot auf den Gedanken verfallen, sich in dieser entlegenen Ecke von Montrouge einzunisten? Mußte er nicht voraussehen, daß er bis ein Uhr morgens in den Cafés des Quartier Latin herumziehen würde? Er hätte natürlich einen Wagen nehmen können, um nach Hause zu fahren, aber die vierzig Sous, die er gekostet hätte, waren der Preis von viereinhalb Litern guten Bieres.

Mehr als einmal geschah es, daß in einer verödeten Straße, im Augenblick, wo man am wenigsten daran denkt, jemand auf Lucien zuging. Wer war das? Erst später, nachem er sich schon gefürchtet hatte, wurde Lucien gewahr, daß dieser Jemand, der ohne ein Wort an ihm vorüberging, ein ehrlicher Mann gewesen sei. Wieder einmal war ein friedlicher Bewohner von Paris dem Tode entronnen.

Aber wer kann gegen die Armee des Verbrechens an? Der Tag des Unglücks kam heran. Es geschah ausgerechnet beim Feste des Löwen von Belfort. Es nützt nichts, tugendhaft zu sein. In dieser Nacht kam Lucien um Mitternacht, und nicht wie gewöhnlich um ein Uhr, nach Hause. Er hatte kaum die Avenue d'Orléans verlassen, um in die erste kleine Gasse einzubiegen, die nach einigen anderen an seine Türe führte, als ihm die schreckliche Begegnung zustieß.

Ein großer gelber Hund kam auf ihn zu, schnüffelte an ihm herum, machte dann kehrt, rannte wie der

Wind davon und verschwand in der Finsternis. Lucien glaubte gehört zu haben, daß die Apachen neuerdings Hunde dressierten. Das System war übrigens sehr schlau. Während sie in einer Ecke gemütlich ihre Zigarette rauchten, hielt das Tier in den Straßen Umschau. Die Hunde wissen schon instinktiv, wer ein Bettler ist, und es kann nicht viel Zeit erfordern, ihnen beizubringen, daß sie unter den Passanten die erkennen, welche der wohlhabenden Klasse angehören. Nachdem er seinen Klienten richtig herausgespürt hat, kehrt der Hund zu den Apachen zurück und führt sie ihrem Opfer entgegen. Jawohl, einer solchen Geschichte glaubte Lucien sich zu entsinnen.

Das klügste für ihn wäre gewesen, kehrtzumachen, zur Avenue d'Orléans, wo die Passanten und Polizisten sind, zurückzugehen und dann auf einem Umweg nach Hause zu finden. Wir sind alle von einer albernen Menschenfurcht beseelt. Die Angst vor der Lächerlichkeit ist stärker als unsere Angst vor der Gefahr. Und unser Zutrauen verläßt uns nie. Hat man nicht Leute gesehen, die, von einem unheilbaren Leiden befallen, sich einbildeten, für sie würde das Wunder sich ereignen, das sich noch für keinen ereignete?

Lucien war kaum nach links in die Straße eingebogen, als er drei Männer gewahrte, denn es waren ihrer drei. Sie trugen Leinwandschuhe, Mützen, einen blauen Schlips. Sie waren alle drei mit Knütteln versehen, wie die Banditen in den illustrierten Ausgaben der »Misérables«. Der Hund stand ihnen nicht mehr zur Seite. Wahrscheinlich verwandten sie ihn nicht zum Angriff, denn die Hunde bellen und knurren. Sie hatten ihn auf neue Beute ausgeschickt, während sie indes mit Lucien fertig wurden.

Dieser benahm sich, wie wir an seiner Stelle uns benommen hätten. Er war im Begriff, an den drei Apachen vorbeizugehen, als hätte er sie nicht bemerkt; aber diese Burschen warten nicht, daß man zu ihnen kommt, sie besorgen das selbst. Lucien vernahm folgende Worte:

»Hören Sie!«

O nein, er hörte mitnichten. Aber sie hatten ihn bald eingeholt, schneller noch ihn umringt, wie ihn dünkte; und da er sich auf unerhörte Dinge gefaßt machte, sollte er nicht enttäuscht werden. Er hörte folgende Worte:

»Sagen Sie uns, ob Sie keinem Löwen begegnet sind?«

Lucien mußte da wohl stehenbleiben. Ein Löwe? Was für ein Löwe? Erkundigte man sich da nicht nach einem Löwen bei ihm? Er erwiderte in hochmütigem Tone:

»Ich verstehe nicht, was Sie sagen wollen.«

Er hatte recht, so zu ihnen zu sprechen. Die also zur Rede gestellten drei Männer erklärten sich jetzt. Was mußte Lucien da hören? Sie waren keine Apachen, wie er geglaubt hatte, sondern der Besitzer, der Bändiger und der Angestellte einer Menagerie, die für das Fest des Löwen von Belfort einhergezogen war. Sie besaßen einen Löwen. Aus Nachlässigkeit hatten sie den Käfig offen gelassen: er war ausgerissen. Sie waren selbst sehr erstaunt darüber. Lucien konnte nur seine Geschichte von dem großen gelben Hund erzählen. Das Tier hatte ihn beschnüffelt und sich dann davongemacht. Die drei Männer riefen a tempo:

»Das wird er gewesen sein. Er wird sich gefürchtet haben.«

Sie horchten gespannt auf alle Einzelheiten, die ihnen betreffs der Richtung gegeben wurden, welche das Tier eingeschlagen hatte. Sie wollten ihm dort folgen, aber Lucien, der noch ziemlich weit von zu Hause war, besann sich noch rechtzeitig, daß ihm Gefahren auf seinem Wege drohten. Er hatte viel Glück gehabt, daß ihn der Löwe nicht angegriffen hatte. Was konnte er tun, falls er ein zweites Mal mit ihm zusammenstieß? Er fragte:

»Wird er mir nichts tun, Ihr Löwe?«

Einer der drei Männer, der schon vorausgegangen war, hörte, daß Lucien etwas sagte, und da er es nicht verstand, fragte er die anderen:

»Was sagt er?«

»Er fragt, ob ihm der Löwe nichts tun wird«, erhielt er zur Antwort.

Sie brachen alle drei in ein Gelächter aus, dann fügten sie hinzu, als gälte es einen guten Witz:

»Ja, wenn Sie sich fürchten, so bleiben Sie nur bei uns. Uns kennt er; in unserer Gegenwart rührt er Sie nicht an.«

Du lieber Gott – es war das einfachste, ihrem Rat zu folgen.

Die Löwenjagd begann. Sie zogen alle vier nach der Gegend, in welche die Bestie geflüchtet war. Das Glück war ihnen hold. An einer Straßenecke sahen sie in der Ferne eine große, vierfüßige schwarze Masse, die auf sie zukam. Der eine der Männer sagte:

»Stellen wir uns unter eine Haustüre, denn wenn er uns sieht, läuft er davon.«

Ein anderer hatte einen besseren Einfall:

»Einer von euch geht mit mir. Wir rennen durch die Seitenstraßen, kommen auf einem Umweg am oberen Ende der Straße heraus, in der wir jetzt sind, und fassen das Tier von hinten. Bleibt, wo ihr seid; ihr haltet es von vorn.«

Es währte nicht lange. Die Jäger standen in zwei Gruppen geteilt. Es kam der Moment, wo der Löwe zwischen ihnen gefangen stand: ein tragischer Augenblick. Nirgends eine Tür, durch welche das Tier entkommen konnte. Wohin er sich auch wandte, stieß er auf seine Jäger. Zwar suchte er einen Ausweg, wo er, den Mauern entlangstreichend, entwischen konnte, aber der Mann, an dem er vorbeilief, machte das Geräusch eines Niesenden nach:

»Hatschi!«

Der Löwe erschrak, machte kehrt und wußte nicht mehr ein noch aus. Wohin er sich auch wandte, hörte er dieses »Hatschi!«

Die beiden Gruppen näherten sich einander, das Tier wurde umzingelt; der Löwenbändiger packte es an der Mähne. Lucien, der keinerlei Furcht mehr empfand, fing jetzt auch an, »Hatschi!« zu rufen. Aber der Bändiger wurde unwillig und sagte:

»Sie machen ihn uns scheu, und er brennt uns noch einmal durch.«

Das schwierigste war, den Löwen nach der Richtung des Käfigs zu lenken. Er war stark und widerspenstig. Zum Glück fand der Bedienstete ein Mittel. Als die Flucht des Tieres bekannt wurde, war er gerade im Begriff gewesen, ein Stück Brot und kaltes Kalbfleisch zu essen. Er sagte:

»Achtung! Ich gehe voraus. Ich halte ihm zu fressen hin. Er wird mir folgen.«

Der Bändiger hatte einen berechtigten Einwurf zu machen:

»Daß du ihm nicht das Kalbfleisch hinhältst! Er mag es nicht.«

Das Mittel glückte vollauf. Man verfuhr mit dem Löwen wie mit einem störrischen Esel. Ein Mann ging vor ihm her und hielt ihm zu fressen hin. Er folgte, von der Speise angelockt, er lief sogar viel zu schnell, man mußte ihn an seiner Mähne zurückhalten.

Die Rückkehr ging glatt vor sich. Man traf keinen Schutzmann. Wie hätte sich der arme Kerl gefürchtet! So erreichte man glücklich den Eingang der Menagerie. Die vier Männer gingen hinein. Die Hyäne und der Eisbär schliefen. Die Tür des Löwenkäfigs stand offen. Der Menageriediener warf, weit ausholend, sein Stück Brot hinein. Der Löwe sprang mit einem Satz darauf los, faßte es mit seinen mächtigen Klauen und stieß ein furchtbares Gebrüll aus, bevor er es verzehrte.

Nur der Wachhund gab ihnen zu schaffen, der ein wildes Gebell gegen Lucien richtete, den er nicht kannte. Zum Glück lag er an der Kette. Einer der Männer sagte:

»Gott sei Dank ist es nicht *er,* der uns ausriß; er hätte sicherlich jemanden gebissen.«

KANNIBALENGESCHICHTE

Diese Geschichte wird eine Kannibalengeschichte sein. Die Menschen, die ihre Nächsten aufessen, waren von jeher verschrien. Ich fand immer, zu Unrecht. Auf einer Reise, die ich kürzlich in Zentralafrika machte, wurde mir ein für alle Male klar, daß wir die sogenannten festgesetzten Ideen nicht übernehmen sollten. Es steckt immer etwas Gesundes in den verdorbensten Menschen. Um es deutlicher klarzulegen, will ich, so gut es geht, alle Lokalfarben in meiner Erzählung vermeiden und nur in großen Zügen, und nur mit dem Hinblick auf menschliche Wahrheit, eine Szene aus dem Leben der schwarzen Menschenfresser geben, deren Einzelheiten zu mir gedrungen sind.

Nicht weil der Stamm der M'Talas den Krieg liebte, vor allem weil er die Arbeit nicht liebte, war er ein kriegerischer Stamm geworden. Um sich zu schlagen, ist gewiß viel Mut erforderlich, aber im Laufe der Schlachten betäubt man sich durch Hurrarufe, indem man über die Gräben springt und die Gewehre knallen läßt, und denen, welche nicht kampflustig sind, wird dann zumute, als nähmen sie an einer Landpartie teil, an Übungen im Freien, welche der Gesundheit zuträglich und deren Heftigkeit durch ihre Nützlichkeit berechtigt sind.

Es muß unter den M'Talas ein Verräter gesteckt haben: im Verlauf einer Expedition bei ihren Nachbarn fanden sie nur leere Dörfer vor, deren Bewohner, zweifelsohne gewarnt, alle entflohen waren. Die Schwarzen sind einander nicht gram; die M'Talas brannten diese Dörfer nicht nieder, und als sie wieder nach Hause kamen, brachten sie als Gefangene nur eine Frau mit ihrem Kinde mit. Es steht übrigens fest, daß sie ihnen nichts antun wollten und sie nur mitgenommen hatten, um zu zeigen, wie sie ihre Zeit benützt hatten. Die M'Talas-Krieger wurden bei ihrer Rückkehr von den Greisen und Frauen sehr schlecht empfangen. Die Greise ähneln in allen Ländern den Republikanern aus dem Jahre achtundvierzig, welche, da sie sehen, was wir aus der Republik gemacht haben, behaupten, daß die heutigen Generationen nichts zustande bringen. Was die Frauen anbelangt, so sagten sie von jeher zu den Männern:

»Hüte du nur die Kleinen. Ich übernehme deine Arbeit und verrichte sie besser als du.«

Da sie ohne gekämpft, da sie ohne gesiegt zu haben, nach Hause kehrten, hätte man sie um ein Haar Besiegte genannt. Sie verteidigten sich nach Kräften gegen diesen Schimpf. Sie entsannen sich rechtzeitig, daß, bevor Weiße hergekommen waren, sie das Fleisch ihrer Feinde aßen. Sie glaubten den Greisen zu schmeicheln, indem sie sich auf die Tradition beriefen, den Frauen, indem sie an ihre Naschhaftigkeit appellierten. Was sie selbst betraf, so wurden sie Kannibalen nicht, weil sie es wünschten, sondern weil es sein mußte; sie erwiderten:

»Wir haben allerdings nur zwei Gefangene gemacht, aber um sie zu essen.«

Die Frau war schön. Sie war zwanzig Jahre alt. Sie war fett. Das Fleisch war von einem Schwarz, das ins Violett spielte, und sehr reichlich in der Gegend der Hüften. Sie gefiel. Man sagte:

»Ja, sie eignet sich gut.«

Aber das Kind, das nicht über sieben Jahre alt war, hatte, obgleich grobknochig, sehr kleine Glieder. Offenbar war es schlecht genährt worden. Der kleine Bauch war geschwollen, wie bei Leuten, die nur eine schwere und unverdauliche Kost erhalten. Das Fleisch, wo es vorhanden war, hing ganz schlapp. Mehr als einer rief da aus:

»Was sollen wir denn mit diesem Kind anfangen?«

Die Krieger von M'Talas, die nicht grausam waren, wollten nur Streitigkeiten vermeiden und antworteten in beruhigendem Tone:

»Heben wir es halt auf. Vielleicht wird es dicker, wenn wir es pflegen.«

Der Frau gegenüber benahmen sie sich sehr gut. Statt sie wie ein Tier vom Metzger töten zu lassen, ließen sie sie vom Zauberer umbringen, der zugleich eine Art Hohepriester war. Sie opferten sie nicht ihren niedrigen Instinkten, sondern den Rachegöttern, die mächtige Leute sind und Ordnung und Gerechtigkeit lieben. Und das Gastmahl, bei welchem das Opfer verspeist werden sollte, wurde nicht an einem gewöhnlichen Tage, sondern an einem hohen Festtage angesetzt.

Die Schwarzen sind fromm. Keiner kam zu spät. Am Morgen der Feier warteten auf dem Dorfplatz

Greise, Frauen, Kinder, Krieger und sogar die Familie des Häuptlings im Schatten des Brotbaumes auf den Glockenschlag. Erst als er ertönte, trugen die Diener den Anteil eines jeden auf.

Man aß.

Aber das Fest war nicht so schön, als manche zu hoffen gewagt hatten. Die Grausamsten zeigten sich zuerst ungeduldig, als das Kind des Opfers zu schreien anfing. Es war, als ob ein unzartes Wesen die Reinheit eines schönen Tages trübte. Man hörte ein ungeduldiges Gemurmel:

»Man hätte dieses Kind auch ausbluten sollen.«

Aber einige Frauen und mit ihnen einige Männer, welche gewisse Schmerzen, die uns das Leben bereitet, erfahren hatten, erwiderten:

»Laßt das kleine Mädchen doch in Ruhe!«

Man nahm sich seiner an. Die Familienmütter, die wissen, wie man Kinder zu nehmen hat, boten ihm von ihrem Anteil ein hübsches, mageres und gut zubereitetes Stück an und sagten:

»Sieh her, Kleine, wie gut das aussieht. Iß es mir zuliebe.«

Aber das arme Kind dachte nicht daran, jemand etwas zuliebe zu tun. Es fuhr mit seinen kleinen Fingern in seine Augen hinein; es war, als wollte es Tränen aus seinem Kopfe holen, um deren noch mehr zu vergießen. Es schrie und schluchzte. Es sagte:

»Ich will meine Mutter! Ich will meine Mutter!«

»Aber sie ist ja tot«, gaben ihm die Frauen zurück.

Sie hatten Lust, es ob seines Eigensinns auszuzanken. Es wollte nicht essen. So manche gerieten in Zorn. Vergebens zeigte man ihm die anderen Kinder:

»Siehst du den kleinen Knaben dort? Er weint nicht. Er ißt. Siehst du, wie es ihm schmeckt?«

»Ich will meine Mutter, ich will meine Mutter«, hörte die dumme Kleine nicht auf zu schreien.

Man schüttelte sie:

»Das ist wirklich nicht recht! Man grollt nicht so gegen seinen Bauch.«

Das ganze Essen hindurch hörte sie nicht auf zu weinen. Sie machte einen solchen Lärm, daß einem die Ohren weh taten. Anderseits zeigte sie ein so gutes Herz, daß alle Gäste, selbst die, welche traurige Leute nicht leiden mochten, unwillkürlich bewegt waren. Die Mütter fingen an, mit ihren Kindern darüber zu reden. Dieser Schmerz hatte seine schönen Seiten.

»Siehst du das kleine Mädchen? Es weint, weil seiner Mutter etwas zuleide geschah.«

Denen, welche nicht gutherzig waren, sagte man: »Du würdest nicht so weinen, wenn ich nicht mehr da wäre.«

So manche fingen an, Tränen zu vergießen: alle die, welche als Waisen eine traurige Jugend gehabt hatten. Das kleine Mädchen gemahnte sie an ihre traurige Vergangenheit.

»Ich verstehe es wohl«, sagten sie. »Es hat ja niemanden mehr auf der Welt. Wie traurig ist das in seinem Alter!«

Andere machten den Kriegern Vorwürfe:

»Konntet ihr die zwei armen Wesen nicht in ihrer Heimat lassen?«

Diejenigen Frauen, welche gern kreischten, fingen folgendermaßen an:

»Natürlich! So sind sie alle! Am liebsten wäre es ihnen, uns an Stelle dieser Unglücklichen zu sehen, welche sie umgebracht haben.«

Die Männer fühlten den Ernst der Vorwürfe, welche gegen sie gerichtet wurden, und suchten sich zu verteidigen:

»Es ist nicht unsere Schuld«, sagten sie. »Ihr habt uns mit solchem Geschrei empfangen, als wir von der Expedition zurückkehrten, daß wir, um euch zu befriedigen, jenen Entschluß faßten, den wir jetzt ebensosehr bedauern wie ihr.«

Es war ein trauriges Bankett. Die Tränen eines Kindes genügten, um einem ganzen Volk das Bewußtsein seiner moralischen Würde zu Gemüte zu führen. Der Häuptling selbst nahm jetzt das Wort. Er sagte:

»Was dies Kind angeht, so tröstet euch. Ich nehme es mit Freuden an. Für die Mutter ist es unglücklicherweise zu spät. Die traurigen Umstände ihres Todes mögen uns wenigstens zur Lehre dienen. Merken wir uns, daß die Gastmähler, welche mit Menschenfleisch hergestellt werden, traurig sind und keinerlei Vergnügen bereiten.«

Alle Anwesenden senkten die Köpfe und warfen sich im stillen vor, daß sie die schnöde Sünde der Eßgier begangen hatten.

DAS STREICHHOLZ

Es geschah während seiner Schweizer Reise, am Abend seiner Ankunft in Zürich, daß Henri Létang innerhalb drei Sekunden in eines der schrecklichsten Abenteuer verwickelt wurde, die ein Mann erleben kann.

Henri Létang kam mit einem Abendzug in Zürich an. Er fuhr in sein Hotel. Da er die Mittel besaß, unter den angenehmsten Bedingungen zu reisen, hatte er eines jener Hotels gewählt, welche der Baedeker ihrer Vortrefflichkeit und ihrer guten Frequenz wegen empfiehlt. Er speiste dort unverzüglich zu Abend, und da er von dem Eisenbahnfahren ermüdet war, ging er in sein Zimmer hinauf, und, obwohl er nicht schläfrig war, ging er zu Bett.

Henri Létang war einer unter vielen. Er war nach Zürich gekommen, um diese Stadt zu sehen. Gewiß, und bevor er sie erreichte, verspürte er sogar einige Neugierde, sie kennenzulernen. Aber wenn man abends in einer Stadt ankommt, ebbt das Gefühl für sie zurück, oder besser gesagt, da es Zeit hat, sich zu befriedigen, hält es Rast und verlangt von ihr nur, daß sie gegenwärtig sei. Henri Létang lag in einem Zürcher Bett, die elektrische Ampel, die sein Zimmer beleuchtete, war die elektrische Ampel eines Zürcher Zimmers. Er hatte sein Zigarettenetui auf den Nachttisch gelegt. Er nahm eine Zigarette heraus und steckte sie in den Mund; er würde sie in Zürich rauchen. Das genügte ihm.

Er hatte seine Zigarette angezündet und das Streichholz weggeworfen, als er eine Unruhe spürte, oder besser gesagt, sich selbst einen Vorwurf machte, weil das angesteckte Streichholz, indem es auf die Bettvorlage fiel, sehr wohl eine Feuersbrunst hervorrufen konnte. Henri Létang beugte sich herab; er hatte gut daran getan, nachzusehen: in der Tat, das Streichholz war noch nicht erloschen. Er wollte aufstehen und seine Pantoffeln anziehen, um auf das Streichholz zu treten, als er plötzlich sehen konnte, daß er diese Maßnahme nicht zu treffen brauchte.

Deutlich kam eine Hand mit fünf ausgestreckten Fingern unter dem Bett hervor, hob sich, senkte sich dann, legte sich auf das Streichholz und erstickte die Flamme.

Unser Gehirn erfaßt fürs erste nur, was unsere Augen ihm gezeigt haben. Henri Létangs erster Gedanke bezog sich auf die Handlung selbst, die er soeben sich vollziehen sah. Wenn man die Hand auf einen entflammten Gegenstand legt, läuft man Gefahr, sich zu brennen. Wie brachte der Eigentümer der Hand es fertig, dies zu vermeiden? Henri Létang sagte sich, daß der Mann wahrscheinlich seine Finger mit Speichel befeuchtet hatte.

Dann erst, nachdem die Zeit, die er zu dieser Erwägung benötigt hatte, verstrichen war, konnte Henri Létang sich sagen:

»Ein Mann ist unter meinem Bett!«

Dann kam ihm langsam, Wort für Wort, der folgende Gedanke:

»Er wartet, bis ich eingeschlafen bin, und er wird mich töten, um mich zu berauben.«

Nachdem er die Worte dieses Gedankens erfaßt, erwogen, sozusagen befühlt hatte, war in ihm für keinen anderen Raum. Alle seine Gedanken wurden durch ein entsetzliches Schweigen ersetzt, das, plötzlich in das Zimmer eindringend, es erfüllte und ein noch furchtbarerer Insasse desselben wurde als der, welcher unter dem Bett auf seine Stunde wartete. Henri Létang empfing ihn, wie man einen Schlag auf den Kopf empfängt. Es war, als erwachte er aus einem langen Schlummer. Er erinnerte sich an etwas, das er seit langer Zeit vergessen hatte; er sagte sich:

»Richtig, ja, ich hatte vergessen, daß ich einmal sterben muß.«

Und als er seinen Speichel schluckte, besaß dieser einen entsetzlichen Geschmack, der, wie ihm schien, für immer sich in seinem Halse festsetzte.

»Ich werde heute nacht ermordet werden.«

Es war, als trüge er schon den Geschmack seines eigenen Leichnams im Halse. Er konnte ihn nicht ertragen.

Hin und wieder, leise, um die Aufmerksamkeit nicht zu erregen, drehte er seinen Kopf auf seinem Halse herum und betrachtete mit einem verzehrenden Blick die Möbel seines Zimmers. Es enthielt ein Büfett, das er nicht wahrnahm, einen Schrank, einen Tisch, Lehnstühle, die er zählte, vier an der Zahl. Fast wäre ihm ein Sofa entgangen. Aber keines dieser Möbelstücke kam ihm zu Hilfe.

Es währte wohl noch fünf Minuten, bevor sein Gefühl des Unabwendbaren dem einer heftigen Verzweiflung wich. Mein Gott, warum widerfuhr ihm dies? Warum war er jetzt gerade in Zürich? Er hätte, ohne deshalb seine Schweizer Reise unterbrechen zu müssen, in Basel, Genf, Schaffhausen sein können. Das waren Städte, in denen man keinerlei Gefahr lief. Das Leben ist dumm. Warum lag er in diesem Zimmer? Er hätte auch nebenan sein können. Warum vor allen Dingen hatte er vor dem Schlafengehen nicht daran gedacht, einen Blick unter das Bett zu werfen?

»Welch ein Tor bin ich gewesen!« sagte er sich.

Er suchte anzukämpfen, so gut es ging.

Fürs erste fand er zu seiner Verteidigung nichts als die traurigen Erwägungen der menschlichen Kreatur, die aus Versehen getötet werden soll.

»Ich habe ja nichts getan«, hätte er ausgerufen, denn der Gedanke des Todes ist in uns unweigerlich mit dem der Strafe verknüpft.

Nein, er hatte nichts getan. Er war unschuldig. Er maß seine Unschuld der Länge und Breite nach. Er war ein sehr guter Mensch. Er war so gut, daß er dem Räuber, der unter seinem Bett verborgen lag und ihm so Übles wollte, nicht einmal böse war. Er hatte doch Grund dazu. Aber dieser Mann kannte ihn ja nicht! Er hätte ihm zurufen mögen:

»Mich, den Henri Létang, wollen Sie töten! Sie täuschen sich, Leute wie mich bringt man nicht um.«

Er fühlte sich imstande, sein Freund zu werden. Den Verbrecherberuf ergreift man aus Geldnot. Henri

Létang hatte Geld. Es kam ihm der Gedanke, zu dem Manne zu sagen:

»Hören Sie! Ich weiß, daß Sie unter meinem Bett sind. Tun Sie mir nichts! Und ich gebe Ihnen alles, was ich habe. Ich werde Ihnen sogar mehr geben. Sie wissen nicht, was ich zu tun imstande bin. Wenn alles, was ich bei mir habe, Ihnen nicht genügt, so fahre ich nach Paris zurück, hören Sie zu: und ich verspreche Ihnen, daß ich Ihnen von dort aus die Summe schicke, die Sie mir liebenswürdigerweise nennen werden.«

Armer Kamerad, unterm Bette ausgestreckt! Henri Létang wagte es nicht, ihm zu grollen, um seinen Zorn nicht zu reizen. Er war ihm sogar dankbar dafür, daß er keinen Lärm machte und seine Aufmerksamkeit nur durch die schweigsame Geste erweckt hatte, mit welcher er die Hand auf das Streichholz legte.

Aber bald begab sich, was man ein Ereignis nennen kann. Henri Létang war bei obigem Gedanken angelangt, als ihn auf einmal, als er es am wenigsten erwartete, eine plötzliche, unwiderstehliche, warme und wohltätige Freude erfaßte.

Sie packte ihn am Halse, drang in seinen Mund, er fühlte sich hinabgleiten, er war erfüllt von ihr. Er wußte nicht, wie sie gekommen war. Um ein Haar hätte er ausgerufen:

»Mein Gott, ich bin gerettet!«

Er nahm sich Zeit, um des Erfolges sicherer zu sein, überdachte jede Einzelheit, stellte genau fest, wo er die Füße hinsetzen würde. Er bestimmte sogar, daß er die linke Hand auf die Messingkugel seines Bettes legen würde. Alles war vorbereitet; nichts war zu befürchten. Es war so:

Henri Létang richtete sich erst auf und ahmte die Leute nach, welche die Gewohnheit haben, laut mit sich selber zu reden, wenn sie allein sind.

Er sprach vor sich hin, jawohl, aber so, daß alle Menschen, die etwa in seinem Zimmer hätten sein können, ihn gehört hätten. Er sagte:

»Wie dumm von mir! Ich glaube gar, ich habe meinen Schlüssel an der Türe stecken lassen.«

Er stand auf. Niemand fuhr ihm an die Gurgel. Der andere freute sich gewiß und dachte, daß er einer Gefahr entronnen sei; hatte er doch riskiert, daß im Augenblick des Überfalles jemand den Schlüssel drehen und hereinkommen würde.

Henri Létang ging ohne Eile vor, um nicht aufzufallen. Er ging zur Tür, öffnete sie. O Gott! Was kümmerte ihn der Schlüssel! Wie er schrie, wie stark seine Stimme erscholl!

»Zu Hilfe, Mörder! Kommt! Kommt schnell!«

Zehn Personen umringten ihn, als er noch schrie. Er schrie lauter, als notwendig war.

Man fand den Gauner unter dem Bett. Man mußte ihn hervorziehen, denn mit keiner Bewegung erleichterte er den Leuten ihre Mühe. Als er aufrecht stand, war er blaß, seine Augen glänzten. Frauen schlugen auf ihn ein. Der Hoteldirektor hatte ihn nie gesehen. Schutzmänner legten ihm Handschellen an. Als er fortgeschafft und schon auf dem Weg zum Gefängnis war, zitterten noch alle.

DAS ALMOSEN

Man nannte ihn den Vater Balthasar. Sein Gesicht war schwer erkenntlich, denn es war von einem jener Bärte überwuchert worden, gegen welche die menschliche Kunst nicht aufkommen kann. Man sah wohl seine Nase, aber auch sie war behaart. Ja, man wunderte sich, wenn man diesen Bart ansah, daß an diesem Mann der Bart immerhin noch die Augen freigelassen hatte.

Zudem trug Vater Balthasar einen alten Filzhut, der bis zum Nacken, zu den Ohren, den Augenbrauen fiel und sorglich bedeckte, was an diesem Kopf nicht des Bartes war.

Zum Unglück war dieser rot. Allzu bärtige Leute sieht man nicht gern. Es scheint, als ob sie damit die Absicht verbänden, ihre Gedanken zu verheimlichen; und Rotbärtige mag man noch weniger.

Vater Balthasar ging von Dorf zu Dorf mit einer schwarzen Holzschachtel, die er am Rücken trug. Er verkaufte Briefpapier. Niemand wollte ihm wohl. Wer Briefpapier von ihm kaufte, tat es nur, weil er es gerade brauchte und billiger bei ihm als beim Krämer erstand.

An einem der heißesten Sommertage geschah es, daß Vater Balthasar bei Fräulein Lerondeau mit seiner Ware vorsprach.

Fräulein Lerondeau war eine gute Person, die nur einen Fehler hatte, sie war geschwätzig. Sie ging viel in die Kirche, und was murmelte sie da nicht alles in jeder Kapelle den Heiligen zu! Der Pfarrer Belligand, der doch ein nachsichtiger Herr war, hatte endlich zu ihr gesagt:

»Fräulein! Sie belästigen ja die Heiligen!«

Als er bei ihr eintrat, legte Vater Balthasar den Hut ab. Gar nicht aus Höflichkeit, sondern weil ihm heiß war. Er trocknete sich die Stirn. Fräulein Lerondeau machte eine merkwürdige Entdeckung: er war kahl. Sie hätte einen Witz machen können: nicht nur, daß ihm der Bart nicht über den Kopf reichte, sondern er hatte nicht einmal Haare.

Gleichviel! das Stück Haut, das da zum Vorschein kam, rangierte ihn wieder in die Menschheit ein. Vater Balthasar war kein Bär, wie man hätte denken können. Fräulein Lerondeau wunderte sich darüber, und es kam ihr der Wunsch zu reden, wie sie es nicht nur mit den Heiligen, sondern auch mit den Menschen zu tun pflegte.

Er gab Antwort: sein Bart spaltete sich in der Gegend des Mundes. Worte kamen daraus hervor. Ja, ihm war sehr heiß. Es war, wie sie sagte. Er war sechs undsechzig Jahre alt, da er im Jahre zweiundvierzig geboren wurde. Ach! wie komisch! Fräulein Lerondeau stammte aus demselben Jahrgang oder, wie er es nannte, derselben Klasse. Ach nein! viel Briefpapier setzte er nicht ab. Wenn ihm fünfzehn Sous Reingewinn am Ende des Tages blieben, so war es das Äußerste. Armer Kerl! es war hart, bei der Hitze so herumzuziehen! Und Fräulein Lerondeau kaufte für zwei Sous Briefpapier und für zwei Sous Kuverts.

Er fuhr dann in seinem Rundgang fort, sprach in jedem Haus des Städtchens vor, und gegen zwei Uhr, als die Hitze am größten war, begab er sich auf den Rückweg.

Fräulein Lerondeau konnte das nicht mit ansehen. Von Mitleid erfaßt, rief sie ihm zu: »Hören Sie, mein Lieber! in unserem Alter bereiten nur noch die wohltätigen Handlungen Freude. Wie hoch beläuft sich noch der Wert Ihrer ganzen Ware?«

»Briefpapier, Kuverts und Bleistifte betragen allesamt wohl an die sechs Francs.«

»Da haben Sie Ihre sechs Francs«, sagte Fräulein Lerondeau. »Ich kaufe Ihnen das Ganze ab und verteile es bei den Schulschwestern unter den Kindern.«

Wäre Vater Balthasar in diesem Augenblicke auf freiem Feld gewesen, so würde sich nichts ereignet haben. Er hätte sich einfach unter einen Baum gesetzt, um nachzudenken. Die Freude bricht bei Leuten eines gewissen Alters nicht unvermittelt aus: sie müssen sich erst sammeln, um zuzuwarten, ob sie sie – wie man von den Raketen sagt – steigen lassen sollen. Vater Balthasar befand sich mitten in der Stadt. Der einzige Ort zum Nachdenken wäre das Wirtshaus gewesen.

Aber man kehrt nicht in ein Wirtshaus ein, ohne etwas zu trinken.

Vater Balthasar verlangte einen Schoppen Roten. Welche Überraschung! Beim ersten Schluck mußte er sogleich die Frau des Wirts verhören:

»Was geben Sie mir denn da?«

»Es ist Wein«, sagte diese, etwas erschrocken.

»Nun«, sagte Vater Balthasar, »da erinnere ich mich also nicht mehr an den Geschmack des Weines. Ich hatte vergessen, wie gut er ist.«

Er trank seinen Schoppen mit solchem Genuß, daß er an das Geld, das er kosten würde, gar nicht mehr dachte. Erst als er damit fertig war, bedachte Vater Balthasar, daß er ja hatte trinken müssen, wohl aber zugleich hätte essen können. Dafür war es übrigens noch nicht zu spät, da er sich hungrig fühlte. Er wollte sich einen Leckerbissen gestatten.

»Sagen Sie«, wandte er sich an die Wirtin, »... seinerzeit, ach, es ist lange her! arbeitete ich mit den Holzfällern im Walde. Es gab da einen Käse, den man Fromage de Brie nannte. Haben Sie davon gehört?«

Ob die Wirtin davon gehört hatte! Den Fromage de Brie würde es ja immer geben! Wenn dem so war, so wollte Vater Balthasar gebeten haben, daß ihm einer für vier Sous gebracht werde.

Als Vater Balthasar mit seinem Käse fertig war, fiel ihm etwas Bemerkenswertes auf: Leute, die sich nur Brot vergönnen können, wissen nichts von dem Vergnügen, welches man am Essen finden kann. Die Reichen tun wohl daran, ihre Küche zu pflegen. Und alles in allem, bei seinen letzten Sous war Vater Balthasar noch nicht angelangt. Sollte er sich da nicht ein wenig Aufschnitt, Schinken oder Wurst zum Beispiel, gönnen? Man lebt schließlich nur einmal.

Wie hungrig er war! Je mehr er aß, je mehr spürte er seinen Hunger. Er war von einem tiefen Appetit erfaßt, der nicht nur aus dem Magen, sondern noch weiter her kam: von den Gliedmaßen, dem Rücken, dem Kopf. Er konstatierte dabei eines: was ihm zeitlebens gefehlt hatte, war das Essen. Er holte nach Kräften die verlorene Zeit nach. Leider mußte er innehalten, weil er anfing, müde zu werden.

Aber nach Herzenslust essen, heißt für einen Menschen eine gefährliche Gewohnheit annehmen. Wer einen seiner Wünsche befriedigt, geht bald zu einem andern über. Als Vater Balthasar nach beendigter Mahlzeit wieder seines Weges ging, als er in zu großer Sonnenhitze zu weite Wege dahinmarschieren mußte, überlegte er, daß die Leute, welche nicht zu gehen brauchten und sich in den Schatten setzten, das größte Vergnügen, nach dem des Essens, genossen. Er war der ersten Versuchung, eine angenehme Lebensweise zu führen, erlegen; er erlag von neuem. Er streckte sich unter einer Eiche aus und lag so im Nichtstun bis zum Abend.

Es war nur der Anfang. Folgendes geschah mit Vater Balthasar: am nächsten und dem folgenden Tag konnte er nicht umhin, zu essen, und hatte er das Wirtshaus verlassen, so legte er sich ins Feld. Was das Geld anbetraf, so gingen dabei die sechs Francs von Fräulein Lerondeau darauf. Was die Zeit anging, so blieb ihm kein Sou mehr am Tage, an dem er Muße hatte, sich in der Kreishauptstadt mit neuer Ware zu versehen.

Er war richtig zornig. Jene alte Jungfer hatte nicht gezögert. Sie war einem armen Manne begegnet, und ohne sich zu fragen, ob sie ihm nicht das Brot vom Munde entzog, hatte sie ihm – und wozu, du lieber Gott! – alle Habseligkeiten konfisziert, die er zu seinem Lebensunterhalt feilbot. Unter dem Vorwand, ihm sechs Francs gegeben zu haben, warf sie ihn auf das Pflaster. Die Armen wären gar dumm, wenn sie sich von den Reichen nasführen ließen.

Er ging zu Fräulein Lerondeau, und das ohne Umstände. Ob sie sich auch wehrte, er ließ nichts gelten. Als ob das Geld eine wie sie was kostete! Er sagte es ihr geradeheraus:

»Ich weiß schon, wie Sie es verdient haben. Oder vielmehr, ich weiß schon, wie die Frauen es sich verdienen.«

Das gute Fräulein Lerondeau! Sie, die ihr Geld von Haus aus geerbt hatte. Sie war eher zu bedauern, weil sie davon gar nicht viel besaß. Sie hatte nicht geheiratet, weil zur Empirezeit, in die ihre Jugend fiel, die Männer von den Frauen eine Mitgift verlangten.

Übrigens erschrak sie sehr und gab dem Vater Balthasar sein Briefpapier, seine Kuverts und alle Bleistifte wieder. Die Leute hatten recht, den Männern zu mißtrauen, die so bärtig sind, daß man ihr Gesicht nicht sehen kann. Und es stimmte auch, daß Männer mit roten Bärten nichts wert sind.

DIE NIEDERLAGE DES TEUFELS

St. Petrus war sehr aufgebracht. Er sagte zu seinem Gefährten:

»Na ja! mit Ihnen ist es immer dieselbe Geschichte! Sie sind nur dreiunddreißig Jahre auf der Erde geblieben, und natürlich hatten Sie noch nicht Ihr Teil, als Sie gestorben sind. Wären Sie, wie ich, achtzig Jahre alt geworden, so würden Sie nichts lieber tun, als ruhig in Ihrer Himmelsecke zu verbleiben.«

Sie hatten auch wirklich den Zeitpunkt ihrer Reise recht schlecht gewählt. Unmöglich, zu unterscheiden, ob Mond war oder nicht. Die Wolken, die ihn sowieso verdeckt hätten, hingen so niedrig und schwer, daß St. Petrus hinzufügte:

»Ich bin doch nicht sehr groß, und dabei steckt mein Kopf in den Wolken.«

Auch waren sie durchnäßt; aber dem, welcher den Regen fallen läßt, genügte es nicht, es schüttete noch mehr.

St. Petrus fuhr mit beiden Armen in die Höhe und fing an zu schreien:

»So laßt doch endlich den Regen aussetzen!«

Unser Herr Jesus Christus ließ alle diese Bemerkungen nicht hingehen und sagte endlich: »Sei so gut und bedenke, mit wem du sprichst.«

St. Petrus ging wütend seines Weges.

Es war mindestens zehn Uhr, als sie Champvallon erreichten. Natürlich war niemand mehr auf. Es erübrigte sich für sie folgendes Problem: klopften sie an eine Tür, ohne sich zu nennen, so würde man sie für Diebe halten. Nannten sie ihre Namen, so konnten sie auf unreligiöse Leute stoßen, die imstande wären, aufzustehen und mit ihren Gewehren nach ihnen zu schießen.

Sie hatten endlich das Glück, ein offenes Gasthaus zu finden, wo ihnen ein Bett zugewiesen wurde. Aber dies verursachte dem St. Petrus neue Unannehmlichkeiten: sie hatten beide keinen Sou bei sich. Wie würden sie es am folgenden Morgen halten, wenn ihnen die Rechnung gestellt würde?

Petrus sagte: »Ihnen natürlich ist das egal. Sie waren schon einmal im Gefängnis. Aber mir ist es nicht gleichgültig, die Bekanntschaft von Schutzmännern zu machen.«

Unser Herr Jesus Christus mußte, um ihn zum Schweigen zu bringen, kategorisch mit ihm reden:

»Noch ein Wort, und ich stelle dich meinem Vater zur Verfügung.«

St. Petrus hatte auch wirklich unrecht gehabt, sich aufzuregen. Er sah es am folgenden Morgen beim Aufstehen ein. Unser Herr Jesus Christus, der die Lüge verschmäht, ging geradewegs zum Wirte und erklärte ihm:

»Die Sache verhält sich folgendermaßen: wir sind der St. Petrus und Jesus Christus. Wir haben kein Geld. Wir stellen euch folgende Bitte: laßt uns in natura zahlen. Wir sind unser zwei. Wünscht euch zwei Dinge, und sie sollen euch werden.«

Der Wirt bat um eine Frist von einigen Minuten, um zu überlegen: waren das wirklich St. Petrus und Jesus Christus? Nun, falls sie kein Geld hatten, würde der Feldhüter der letzte sein, ihnen welches zu liefern. Zwei Wünsche durfte er formulieren. Er hatte gerade zwei große Anliegen.

Erstens hätte er gewünscht, daß die Person, welche sich in einen Stuhl setzte, den er bestimmte, nicht ohne seine Erlaubnis davon aufstehen dürfte.

Bevor er seine Wirtschaft übernahm, spielte er auf Bällen die Flöte; er wünschte daher zweitens, daß, wenn er auf einem Instrument spielte, alle Leute ringsherum anfingen zu tanzen und sich zu prügeln.

Dies war es, was er wünschte.

Der Gastwirt wurde Vater Bonifaz genannt. Hatte er sich den beiden Reisenden gegenüber umgänglich gezeigt, so geschah es offenbar, weil er gutartig war; aber er hatte auch noch einen anderen Grund. Vor fünf Jahren war ihm etwas Schlimmes passiert. Sein Geschäft ging so schlecht, daß er, um sich endlich aus der Schlinge ziehen zu können, seine Seele dem Teufel hatte verkaufen müssen. Und gerade heute nacht um zwölf war die Zahlung fällig. Vater Bonifaz hoffte, daß, indem er Gutes tat, Gott ihm zu Hilfe kommen würde. An die Geschichte mit dem Stuhl und der Flöte glaubte er indessen nicht. Um so verdienstvoller war sein Verhalten.

Der Teufel ist ein unerbittlicher Gläubiger. Schlag zwölf Uhr läutete es an der Tür des Wirtshauses, und eintrat ein eleganter junger Herr:

»Mein Vater läßt sich bestens entschuldigen, daß er selbst nicht kommen konnte. Ich bin sein Abgesandter.«

Er trug sich wie jene jungen Prinzen, die eine vortreffliche Erziehung genossen haben. Sobald sie volljährig sind, werden ihnen wichtige Missionen anvertraut. Er war gleichzeitig sehr jung, sehr verbindlich und sehr distinguiert.

Vater Bonifaz suchte sich herauszureden.

»Haben Sie einen Ausweis, der Sie bei mir akkreditiert?«

Als Antwort machte der junge Mann seinen Mund groß auf. Dieser Mund war ein Feuerherd, aus dem Flammenzungen hervorkamen. Sie waren in der Tat ein Merkmal seiner Familie, die, wie man weiß, im Feuer lebt. Vater Bonifaz konnte da nur sagen:

»Schon gut. Schenken Sie mir einen Augenblick, um mich bereit zu machen, und ich folge Ihnen.«

Der junge Mann nahm indessen Platz. Vater Bonifaz bot ihm ein Glas Weißwein, aber der junge Mann erklärte, daß er nicht trinken könne, denn wenn er die Flüssigkeit in den brennenden Schlund seines Halses gösse, würde sie auflodern, und er würde nur einen brennenden Dampf hinunterschlucken.

Kurz darauf kam Vater Bonifaz zurück; er hatte ein frisches Hemd und seinen schwarzen Rock angezogen, die Schleife seiner Krawatte war sauber gebunden. Aber etwas Eigentümliches ereignete sich jetzt. Vater Bonifaz hatte inmitten seiner Drangsal die zwei Besucher des Morgens vergessen. Nun wurde er freilich an sie erinnert. Als der junge Mann sich erheben wollte, bemerkte er, daß er an seinem Stuhle festhing. Erst glaubte er, daß er mit seinem Hosenboden an einem Nagel hängengeblieben war; er faßte ihn an. Da merkte er, daß nicht seine Hose, sondern seine Haut dem Stuhle anhing.

»Ich warte«, sagte Vater Bonifaz mit einem seltsamen Lachen.

Da mußte der junge Mann wohl einsehen, daß er genarrt war. Er wollte fürs erste Zeit gewinnen und erklärte, daß er nun einmal sitze und also gut warten könne. Vater Bonifaz erwiderte, daß er ihn gern bei sich behielte. Er würde ihn den Gästen vorstellen. Es würde für die Wirtschaft eine gute Reklame sein.

Bald aber mußte der junge Mann einsehen, daß die Freiheit der Güter höchstes ist, und die Bedingungen annehmen, die ihm gestellt wurden, um sie zu erringen. Vater Bonifaz wollte eine Verlängerung der Frist auf fünf Jahre. Er ließ keine Einwände gelten. Der junge Mann weinte.

»Ach, wie fatal! Es ist meine erste Mission! Mein Vater wird mir keine mehr anvertrauen.«

»Um so besser«, sagte der andere. »Ich lege keinen Wert auf Ihre Erfolge.«

Es waren fünf gute und kurze Jahre für Vater Bonifaz. Ob er sie aber noch so nutzbar machte, sah er doch deren Ende kommen. Und diesmal erschien der Satan in Person. Er sagte gleich beim Eintreten:

»Du alter Schlauberger, du! Jetzt kommst du gleich mit!«

Vater Bonifaz hatte gerade noch Zeit, zu erwidern:

»Es geht ja nicht so lustig bei euch her. Auf alle Fälle nehme ich meine Flöte mit.«

Der Teufel glaubte, ihn zum besten zu haben. »Jawohl, mein Alter. Du kannst meinem Personal aufspielen.«

Und schon hatte er ihn mitgezogen.

Als sie in die Hölle eintraten, sagte der Satan, der den ganzen Plan im Kopfe trug, zum Gerichtsvollzieher:

»Tragen Sie ein: Vater Bonifaz, Herd 2617, Kessel Nummer 324!«

Als man ihn aber umringen wollte, setzte Vater Bonifaz die Flöte an den Mund.

»Halt, Kinder! nicht so schnell!« rief er.

War das ein Spektakel in der Hölle! Der Gerichtsvollzieher, die Brille in einer, die Feder in der anderen Hand, eröffnete den Tanz. Die Bediensteten, die einen mit ihrer Heugabel, andere mit der Schaufel oder der Zange, die, welche das Öl hertrugen, die, welche die Kohlen fuhren, alle gerieten sie in Bewegung. Und wenn sie nur getanzt hätten! Der Gerichtsvollzieher mit seinem Federhalter sprang auf seine Tagelöhner. Wunden, von der Tinte verursacht, bringen Eiterungen hervor. Die Heugabeln trieben schon ein arges Unwesen, und mit ihnen stand außerdem zu befürchten, daß sie sich die Augen ausschlugen. Die Kohlenwagen trieben auf den Füßen der Arbeiter dahin, welche nackt waren, wegen der Hitze.

Satan versuchte es mit der Einschüchterung: »Herd 1, Kessel 2!« befahl er.

Er gedachte, den Vater Bonifaz zur Strafe für sein Verbrechen des Aufruhrs neben Judas zu installieren. Verlorne Müh! Die Flöte war stärker als der Zorn des Teufels. Die ärgsten Katastrophen waren zu befürchten.

Die Familie des Satans eilte beim Geschrei der Verwundeten herbei, um zu sehen, was los war. Die jungen Fräulein... sie tanzten, und alsbald regnete es Hiebe. Satan schrie:

»Tut meinen Töchtern nichts!«

Die eine erhielt trotzdem einen Schaufelschlag auf die Stirn. Das Blut der Prinzessin floß.

Mein Gott! so kam denn, was kommen mußte. Satan unterlag. Er willigte in die Bedingungen des Vaters Bonifaz ein: vollständige Tilgung des Schuldscheines. Er sagte sogar: »Ich lege keinerlei Wert auf deine Wiederkehr.«

Vater Bonifaz schlug wieder den Weg nach Champvallon ein.

St. Petrus staunte sehr, als er diese Dinge erfuhr. Er sagte zu unserem Herrn Jesus Christus:

»Ich bitte um Entschuldigung! Ja, wenn Sie zur Erde fahren, hat es immer seinen Grund.«

DAS TESTAMENT

Ein Wagen hielt vor dem Notariat. Herr Rondeau, der Notar, kannte den Mann nicht, der ausstieg. Es war ein Mann nach Art der Gutsbesitzer aus der Umgegend: eher klein, wohlgenährt, mit gerötetem Teint und mit einer gewissen Prahlerei seinen runden Bauch und sein gutes Aussehen zur Schau tragend. Solche Leute treten beim Notar mit wichtiger Miene ein. Sie haben Geld und begeben sich zu dem, der es verwaltet, ohne jede Scheu, da sie bei ihm etwas zu tun haben. Später, als Herr Rondeau an das Äußere dieses Mannes zurückdachte, wunderte er sich, daß er vielen anderen glich. Er sagte:

»Ich komme wegen eines Testaments. Der Vetter meiner Frau, Herr Roussel aus Saint-Vincent, ist krank und möchte vor seinem Tode sein Testament machen. Da er in Differenzen mit seinem gegenwärtigen Notar lebt, will er ihn nicht rufen, und bat mich, Sie zu holen.«

Herr Rondeau war nicht sonderlich erstaunt. Ja, er hatte von Herrn Roussel gehört, obwohl er ihn nicht persönlich kannte. Und doch war der Notar von Saint-Vincent ein rechtschaffener Mann und ein Einheimischer. Nun ja, die Geldaffären geben oft zu Streitigkeiten und Prozessen Anlaß.

Da sieht sich jeder vor, sogar den Notaren gegen über. – Herr Rondeau wurde, damit keine Zeit verlorenging, von seinem Besucher gleich im Wagen mitgenommen. Das Pferd war ein gutes Tier: es hatte fünf Meilen zu laufen: es brauchte kaum länger als fünf Viertelstunden.

Das Haus, welches Herr Roussel bewohnte, lag ganz auf dem Lande draußen. Es unterschied sich von den üblichen Häusern durch ein Schieferdach und weil es ein erstes Stockwerk besaß. Ein Ziergarten mit zwei Pinien bildete den Zugang; ein Gemüsegarten reihte sich daran. Es hatte die breite, weiße Front der reichen Häuser, in welchen zugleich mit den Bewohnern behagliche und heitere Gemüter wohnhaft scheinen.

Man führte den Notar alsbald in das Schlafzimmer. Was weiter? Herr Roussel war eben ein Herr, der zu Bette lag. Er sprach kein Wort, denn Kranke legen sich niemandem gegenüber einen Zwang auf. Er hatte seinen Bart wachsen lassen, und dieser war grau.

Das Zimmer war ziemlich groß, mit Lehnstühlen, Kanapee, Tisch, Schrank, Spiegeln. Der Mann, welcher den Notar mitgebracht hatte, entsann sich beim Eintreten, daß er vergessen hatte, Tinte und Papier auf dem Tisch herzurichten. Er machte eine ungeduldige Bewegung, wie man sie Kranken gegenüber nicht hat, eine Bewegung, für welche erst etwas später eine Erklärung möglich war:

»Das fehlte gerade noch!«

Er ließ den Notar stehen und verließ das Zimmer. Da der Kranke keinerlei Notiz von ihm nahm, je nun, so nahm er keine Notiz von dem Kranken. Er sah sich um: auf dem Kamin Photographien, an den Wänden eingerahmte Bilder. Der Schrank war kein Spiegelschrank. Das Fenster sah auf den kleinen Vorgarten. Was hatte man da nur auf das Sofa hingelegt? Es war ein recht großes Paket, wahrscheinlich unter Leintüchern und Decken ein Federbett; sogar Zeitungen lagen darüber ausgebreitet. Ein Zipfel sah aber doch hervor. Herr Rondeau trat näher. Es war etwas Weißes.

Nein, er konnte nicht alles sehen, aber was er sah, reizte ihn, mehr zu sehen und zugleich nicht hinzuschauen. Erst war es eine Zehe, ja, es sah aus wie eine Zehe. Als hierüber kein Zweifel blieb, zeigte sich auch, daß es sich hier unleugbar um einen Fuß handelte. Er war vollkommen unbeweglich, ja, man fühlte, daß er steif war. Dieser Fuß war nackt; indem man seine Linien verfolgte, gewahrte man unter der Decke auch ein Bein.

Es bedurfte keiner großen Phantasie, um sich unter den Zeitungen, den Decken, den Tüchern einen ganzen menschlichen Körper vorzustellen, dessen Kopf, am andern Ende des Sofas, sorglich unter allerlei Dingen verborgen lag, welche man auf einen Gegenstand zu häufen pflegt, den man nicht sehen lassen will.

Herr Rondeau dachte sich fürs erste, daß ihn dies in keiner Weise anging und er sich ganz und gar nicht darüber zu betrüben, ja, auch nur zu beunruhigen brauchte. Er sagte sich höchstens:

»Ich bin fünfzig Jahre alt. Seit zwanzig Jahren bin ich Notar. Ich hatte gewußt, daß die Geldgier über mächtig ist. Ich hatte von den Menschen keine zu gute

Meinung, aber nie wäre ich auf den Gedanken gekommen, daß sie einer so schlechten Handlung fähig wären.«

Er hatte sofort begriffen, worum es sich handelte. Herr Roussel war schon tot, als man in seinem Notariat vorsprach. Man hatte eine finstere Komödie inszeniert. Die Leute, welche im Moment seines Todes sein Lager umstanden, waren nicht seine direkten Erben. So waren sie auf den Gedanken verfallen, der im Gehirn gewisser Leute, mein Gott, wohl entstehen konnte! Einer von ihnen legte sich an Stelle des Verstorbenen in das Bett. Man würde einen Notar rufen lassen, der ihn nicht kannte; man würde ihm ein Testament diktieren.

»Im Grunde geht mich das nichts an«, suchte der Notar sich zu sagen. »Ich tue, was meines Amtes ist. Habe ich als Privatmann eine Wahrnehmung gemacht, so weiß ich als Notar nichts davon; ich habe nichts gesehen.«

Er sagte sich diese Worte zu mehreren Malen, er trachtete einen Augenblick, sie in seinen Kopf einzutragen, einzuhämmern, an sie zu glauben und an nichts anderes. Er gab sich die größte Mühe, aber alles vergebens.

Was ihm dabei den größten Eindruck machte, war nicht einmal, daß hier ein Diebstahl vorlag, der vor die Geschworenen gehörte, nicht einmal, daß eine Fälschung wie diese zu lebenslänglichem Zuchthaus führen konnte. Nein. Es war der Gedanke, daß hier ein Toter aus seinem Bett gerissen, wie ein Paket auf ein

Sofa gelegt worden war und Decken über ihn geworfen wurden, als gälte es, ihn zu ersticken. Er dachte:

»Nicht einmal vor den Toten haben sie Respekt. Ja, vergaßen sie denn, daß sie eines Tages sterben und die Tränen derer benötigen werden, die sie überleben?«

Er bedauerte, daß er, um sich in seinem Gefühl zu bestärken, den Leichnam nicht angerührt hatte, um zu konstatieren, daß er noch nicht erkaltet war.

Die gräßliche Szene nahm ihren Anfang. Der Mann kehrte mit seinem Papier, seiner Tinte, seinem Federhalter zurück. Herr Rondeau faßte ihn ins Auge. Aber er sah ja aus wie jeder andere Mensch: er hatte eine Nase, zwei Augen, einen Mund, einen blonden Schnurrbart. Er mochte fünfunddreißig Jahre alt sein. Er ging auf zwei Füßen. Er nährte sich nicht von Toten, wie es die Hyänen tun.

»Aber das ist ja entsetzlich! Hilfe! Daß doch jemand käme!« dachte Herr Rondeau.

Man ließ ihn allein. Der Mann im Bett kehrte zum Leben zurück; er ließ seinen Atem gehen. Herr Rondeau hielt es ihm zugute, daß er keine zu tiefen Seufzer ausstieß, daß er nicht den Sterbenden mimte. Dennoch hatte er Angst, und um ein Haar hätte er gesagt:

»Ich beschwöre Sie, hören Sie auf, mich zu erschrecken.«

Er sagte nicht: Sie sind der Notar, machen Sie schnell, ich sterbe. Schrecklich zu sagen: *er war nett!* Zu Anfang wechselte er nur einige Blicke mit Herrn Rondeau. Aber war denn nicht ein wenig Blut, Gift, Schwefel und Feuer in diesem Auge? Herr Rondeau konnte nicht sagen, ob das Auge dieses Menschen ein Auge wie ein anderes war.

Er sprach. Seine Stimme war hell … es fuhr ihm keine Schlangenzunge zum Munde heraus. Er diktierte ein Testament. Er vermachte sein ganzes Gut seiner Kusine, Frau X … Wie gern hätte Herr Rondeau nicht geschrieben! Er brachte die Kraft in sich nicht auf, um nicht zu schreiben. Er sagte sich:

»Ich bin ein Feigling. Ich begehe eine schlechte Handlung. Ich habe eine Frau und zwei Kinder. Wenn ihnen ein Unglück widerfährt, werde ich kein Recht haben, mich zu beklagen, ich werde es verdient haben.«

Es vergingen einige Tage, bevor er sich sagen konnte: »Ich hätte wissentlich einen Fehler machen sollen. Das Testament wäre annulliert worden. Ich hätte mein Unrecht gutgemacht.«

Er gehorchte dem Verbrechen, wie man dem Gebieter gehorcht. Wieder einmal unterlag der Rechtschaffene den bösen Menschen. Nur der Gedanke erfüllte ihn:

»Ich fürchte mich.«

Er gab unter schrecklichen Kämpfen nach, es war ihm, als ob seine Adern im Begriffe wären, nachzugeben, und er als eine Masse von Fleisch und Knochen über dem Tische hinstürzen würde, über den er gebeugt stand. Es war, als klammerte er sich an den einen Gedanken:

»Ich kann nicht anders handeln. Diese Leute sind Übeltäter. Sage ich ein Wort, so töten sie mich.«

Er sagte sich immer wieder:

»Das Messer sitzt mir an der Kehle.«

Er gehorchte. Als alles fertig war, wehrte er sich heftig gegen die Höflichkeiten des Mannes, der ihn in seinem Wagen nach Hause zurückbringen wollte. Es war der einzige Mut, den er an den Tag legte.

Wuterfüllt legte er die fünf Meilen zurück, die ihn von seiner Wohnung trennten. Er sagte sich:

»Elender! Elender!«

Er weigerte sich, zu essen. Er legte sich zu Bett, er schlief ein; ihn dünkte, in der Vergessenheit des Schlafes eine Zuflucht gefunden zu haben, fern von einer Welt, in welcher das Verbrechen, die Schande und die Feigheit regieren.

EIN GEDENKBLATT DER LIEBE

Es war um Viertel nach eins. Henri Delorme hatte bei seinen Eltern zu Mittag gegessen. Er ging nun, ohne sich zu eilen, wie jemand, der sich an die Arbeit begibt und sich Zeit dabei läßt, wohl wissend, daß sein Dienst auf ihn warten wird. Als er an das Haus von Herrn Lhéritier kam, stand Marie, das Dienstmädchen, gerade am Küchenfenster und sah auf die Straße hinaus.

Sie hielt Feierabend. Frau Lhéritier war auf einige Tage mit ihren Kindern nach Hause gefahren. Herr Lhéritier speiste indes bei Herrn Fauvart, dem Notar. Sie war in dem großen Haus ganz allein.

Henri Delorme bedauerte entschieden, daß ihr Blick nicht lebhafter war. Sie hatte zwei blaue Augen von großer Weite, und in deren ungeheuren Tiefen man ein wenig in die Irre ging. Aber sie hatte zwei rote Wangen von so schöner Farbe, daß man bei ihrem Anblick an etwas anderes als an Wangen dachte: als flösse dem Mann, welcher da hineinbeißen könnte, ein warmer, reicher und köstlicher Saft in den Mund. Sie war so blühend, daß man bei ihrem Anblick dachte, die Frauen seien nicht da, um geküßt zu werden, sondern um sie zu verzehren. Sie war stark, rundlich und fleischig. Es war viel besser. Man hatte auf die Weise mehr unter der Hand.

Henri Delorme fühlte, wie sein Mund sich mit einem klaren Speichel füllte. Er hätte nicht geglaubt, einen so weiten Magen zu haben. Er traute sich zu, dies Mädchen zu verschlingen. Seine Kinnlade trat dabei ebenso hervor wie seine Augen; voll feurigen Eifers maß er die substantielle Beschaffenheit einer Speise, auf die er sich mit scharfen Zähnen zu werfen gedachte. Er fixierte insbesondere die zugleich zarten und festen Mundwinkel. Bei ihnen wollte er anfangen.

Er wußte nicht recht, wie alles zuging. Ah! sie war allein in der Küche. So trat er denn ein. Ihm war, als sei ihm der ganze Kopf zu einem großen Munde geworden, den er nun füllen würde.

Die Frauen sind anders als die Männer. Ja, gewiß, eintreten ließ sie ihn schon; doch als er ihr nahe war, stellte sich heraus, daß sie genauso war, wie sie aussah; in erhöhtem Maße sogar, denn man hatte sie in seinem Bereich. Sie war es, aber mit einer großen Ruhe, einer tiefen Natürlichkeit, einem erstaunlichen Gleichmut. Sie war es, aber nicht anders in ihrer Küche, wo sie sich allein befand, als sie es mitten in der Straße unter anderen Menschen gewesen wäre: übrigens dachte sie an andere Dinge. Sie sagte:

»Ich habe eine große Küche, wie Sie sehen.«

Sie spielte in keiner Weise auf die Beweggründe an, welche Henri Delorme zu ihr geführt hatten. Es vergingen einige Sekunden, während welcher er über Marie, dem Dienstmädchen, seinen gewaltigen Appetit verweilen ließ, und neben ihr stehend, die Hand auf ihre Schulter legte, sie betrachtete, bewunderte und den Vorgeschmack genoß. Sie tat nicht dergleichen.

Sie hatte eine noch viel schönere Küche gehabt, als sie in Moulins im Dienste stand. Sie hatte dort einen Platz bei Herrn Letondu, dem Landesgerichtsrat, gehabt. Statt mit Steinfliesen war der Boden mit Mosaik belegt. Man hätte barfuß darüber laufen können, hätte man nicht die Erkältung gescheut. Es war ein guter Platz, aber sie hatte ihn aufgeben müssen, weil Frau Letondu starb. Sie war lange krank gewesen. Magen und Eingeweide waren bei ihr so verkehrt, daß alles, was sie zu sich nahm, ihr direkt in den Bauch ging. Infolgedessen konnte sie nicht verdauen. Sie war aus Spanien.

Nein, fürwahr! die Frauen sind anders als wir. Sie sind nicht ungeduldig wie die Männer. Henri Delorme stellte dies fest. Was steckt ihnen denn im Leibe, das sie zum Reden treibt? Man könnte glauben, daß sie eine große Anzahl von Worten über Bord werfen müssen, die in ihnen enthalten sind. Was kümmerte ihn Herr Letondu, Frau Letondu, die Krankheit, der Tod und alle Küchen, die es geben kann? Desungeachtet fuhr Marie zu reden fort.

Sie hatte in Moulins die Berte gekannt, die jetzt bei Herrn Fauvart, dem Notar, im Dienst war. Ihre Herrschaften wohnten in derselben Straße. Sie hatten eine gemeinsame Freundin, die sich Hortense nannte, und die war ein gutes Ding. Hortense hatte ihnen mehrmals Ansichtskarten geschickt, aber Marie habe dann bemerkt, daß Hortense an Berte immer die farbigen schickte und ihr nur die bedruckten. Auf das hin habe sie ihr nicht mehr gedankt.

Henri Delorme nahm auch diese Postkartengeschichte hin. Sein Verlangen war so groß, daß die plumpsten Erzählungen, dicke Schichten des gröbsten Wortflusses, keine Feder wogen und sich verflüchtigten, während sie ihm auf den Kopf regneten wie Wassertropfen auf eine glühende Platte. Er hätte Marie beißen, zerkauen, verschlingen können und auch lateinische Worte mit hinuntergeschluckt, wenn sie solche in ihren Eingeweiden besessen hätte.

Er war mit einer Hand an ihren Hals gefahren, zwischen der Bluse und der Haut. Die Wärme ihres Fleisches war entzückend und gemahnte an gewisse Fleischgerichte, die man nur an Festtagen zu kosten bekommt. Man darf nicht warten, bis sie erkalten, um sie zu essen.

War sie sich darüber klar? Sie sagte:

»Da schwätze ich aber! und ich werde nicht fertig. Ich muß meine Kartoffeln auf heute abend schälen.« Sie ging auf einen Stuhl zu, setzte sich und fing an. Er folgte ihr Schritt auf Schritt. Nachdem er erst von vorn seine Hand in Maries Bluse eingeschlichen hatte, schlich er sie von rückwärts ein. Sie schälte ihre Kartoffeln. Sie war am Rücken ebenso warm wie im Gesicht. Aber Henri wurde unsicher. Er tat mit seiner Handfläche sein möglichstes, um sie in guter Form zu belassen. Dabei aber hätte er ihr zurufen mögen:

»Machen Sie schnell! Sie erkalten sonst.«

Kartoffeln haben einen schlechten Geruch. Sie sind nahezu klebrig. Die Frauen, welche sie schälen, tauchen dabei ihre Finger in eine scharfe Flüssigkeit.

Man möchte nicht an ihrer Hand riechen. Marie aber war von so erlesener Beschaffenheit, daß sie sogar die Kartoffelprüfung siegreich bestand. Es war ein solches Kolorit, so viel Jugend, ein solcher Duft von Gesundheit an ihrer Person, daß im Augenblick, wo die Kartoffeln geschält und ihre Hände frei waren, Henri alle Fassung verlor. Er griff nach ihr. Sie sagte erst:

»Seien Sie doch vernünftig.«

Sonst sagte sie nichts. Sie hatte aufgehört zu sprechen. Sie tat nichts mehr. Der Moment war gekommen. Henri bemerkte an ihren Mundwinkeln ein kleines Mal, das sicherlich nach Himbeeren schmecken würde, als man die Haustüre gehen hörte. Zum Glück war die Tür, welche von der Küche in den Flur hinausführte, geschlossen. Marie schrie leise (wenn man so sagen kann):

»Das ist der Herr, der nach Hause kommt.«

Da gab es kein Zögern. Eine Flucht war unmöglich. Henri wußte nicht, was man einem Menschen antun konnte, den man ungebeten im Hause vorfindet. Vielleicht darf man ihn töten, ohne daß ein Einwand dagegen erhoben werden dürfte. Nur eine Rettungsmöglichkeit bot sich ihm dar. Marie schlug sie ihm vor. Er mußte sie annehmen.

An der Küche war eine kleine, finstere Kammer angebaut, nicht viel größer als ein Wandschrank, in dem die schmutzige Wäsche aufgestapelt wurde. Dort mußte er hinein.

Blieb er mehrere Tage dort? Erst viel später wußte er, daß er kaum eine und eine halbe Stunde geblieben war. Als aber Marie kam, um ihn zu holen, indem sie ihm mitteilte, daß Herr Lhéritier soeben fortgegangen sei, hätte er mehrere Dinge unternehmen können; doch nur eines interessierte ihn: sich aus dem Staube zu machen. Er warf im Vorübergehen einen Blick auf das Dienstmädchen. Es hatte große, blöde Augen. Man hätte lange bis in ihre tiefsten Tiefen hineinschauen können, ohne einen Ausdruck darin zu entdecken. Sie schaute so dumm drein, daß man ihre schönen Wangen übersah. Sie hatte dicke, knotige Finger, sie waren geschwollen und hatten eine Ähnlichkeit mit gewissen Kartoffeln. Zwischen ihr und den Kühen war nur der Form nach ein Unterschied: sie roch nach dem Stall.

DAS EIFERSÜCHTIGE KIND

Die Mutter wartete den Moment ab, wo ihre zwei Jüngsten, Jean, der vierzehn Jahre, und Louise, die elf Jahre alt war, vom Tisch aufstehen würden, um zur Schule zu gehen. Sie sagte:

»Ach, Kinder, heute abend werde ich nicht mit euch essen.«

Jean und Louise waren schon im Gehen; und es blieb ihnen keine Zeit, weder um zu wissen, was sie dachten, noch um etwas anderes zu sagen als:

»Schon recht, Mutter.«

Aber Suzanne, die älteste, welche sechzehn Jahre alt war, hob schon gespannt den Kopf und rief lebhaften Blickes:

»Wohin gehst du?«

Die Mutter ging einmal die Woche aus. Früher sagte sie:

»Ich gehe zu Frau Renou.«

»Warum nimmst du uns nicht mit?«

Sie nahm sie nicht mit, weil, »wie ihr sehr wohl wißt, Frau Renou für Kinder nichts übrig hat: sie verursachen ihr Kopfschmerzen«.

Dann waren sie herangewachsen. Sie hatte nach einer anderen Ausrede suchen müssen. Sie hatte folgende gefunden:

»Ich gehe ins Dampfbad.«

Sie würde lange dort verweilen, erstens, weil man lange braucht, um ein Bad zu nehmen, und dann, weil man beim Verlassen der Dampfkabine der Ruhe pflegen muß. Man muß auf dem Fleck etwas essen, so müde ist man.

Suzanne würde bei einem gewöhnlichen Anlaß gern gewußt haben, was ein Dampfbad ist; wenn aber ihre Mutter von ihr wegging, dachte sie nur an eines: an das Fortgehen ihrer Mutter. Und diese mußte hinzufügen:

»Du weißt ja, mein Kindchen, warum ich dorthin gehe. Es geschieht, um abzumagern. Hat die Frau vom Metzger nicht gesagt, daß wir wie zwei Schwestern aussehen? Möchtest du denn eine korpulente Mutter haben? Wenn du die Arme um meinen Hals schlingen wolltest, würdest du rufen müssen: ›Ich kann nicht, Mutter!‹ «

Was immer Suzannes Mutter sagte, war gut vorgebracht. Die Worte, die aus ihrem Munde kamen, waren kurz und bündig. Wo Suzanne sie dann suchte, dort hafteten sie; sie saßen wie leibhaftig vor ihren Augen; sie unterhielt mit ihnen ein ganzes Gespräch.

Um drei Uhr aber, wenn die Mutter mit ihrer Toilette anfing, war Suzanne nicht zu halten. Sie folgte ihr auf Schritt und Tritt: »Oh, du hast ein rotes Band durch dein Hemd gezogen! Oh, du kräuselst dir die Haare! Oh, jetzt nimmst du dir Kölnisches Wasser! Oh, Mutter! ich fürchte mich. Ich will nicht, daß du so schön bist!« Ihre Schreie gemahnten an die eines Vogels, der das Nest umfliegt, welches ihm Übeltäter während seiner Abwesenheit zerstörten. Die Mutter mußte innehalten in ihrer Beschäftigung, um ihre Tochter ans Herz zu drücken.

»Weißt du denn nicht mehr, daß du es bist, die ich am meisten liebe! Du kamst als die erste. Alle Welt sagte mir: ›Nein, Madame, es wird eine Tochter sein‹. Ich fühlte dich in meinem kleinen Bauch. Du rührtest dich, du klopftest!«

Suzanne schloß die Augen; sie hatte, wie sie es äußerte, das Herz auf der Zunge, und dies währte bis zum Augenblick, wo ihre Mutter, schon im Gehen begriffen, ihr zu guter Letzt noch einiges empfahl.

»Du wirst die Beefsteaks ansetzen. Auf dem Kamin liegt ein schönes Zweifrankenstück. Kaufe damit so viel Kuchen, als ihr wollt.«

Jean und Louise kamen um halb fünf Uhr aus der Schule. Da sie nicht wußte, was sie in Abwesenheit ihrer Mutter mit ihrer Zeit anfangen sollte, richtete Suzanne alsbald das Essen her. Es war noch nicht sechs Uhr, als die drei Kinder schon zu Tische gingen.

Die Beefsteaks waren immer zäh, weil Suzanne im Augenblick, wo sie sie auf das Feuer setzte, inne wurde, daß sie zornig war. Sie gab nicht acht; es sollte nur alles recht schiefgehen, wenn die Mutter nicht da war. Nach den Beefsteaks aßen sie Käse, und um sich in Ungehorsam gutzutun, hatte Suzanne, statt Kuchen, zum Nachtisch Bonbons gekauft. Es war Schokoladekonfekt, obwohl sie es nicht besonders mochte. Nicht genug, hatte sie auch eine Zigarre und Zigaretten gekauft.

Jean rauchte die Zigarre, Suzanne rauchte die Zigaretten. Louise, die erst elf Jahre zählte und noch nicht zu rauchen wußte, ärgerte sich, daß sie an der Orgie nicht teilnehmen konnte. Was ihre Mutter anging, war sie ruhigen Herzens, rächte sie sich doch, indem sie ihre Aufgaben nicht verrichtete. Aber sie mußte sich auch an dem Schimpf rächen, den ihre Geschwister ihr antaten. Sie sagte:

»Ich sage es der Mutter, daß ihr geraucht habt.«

Suzanne erwiderte:

»Du kannst ihr auch sagen, daß wir geschnapselt haben. Gelt, Jean, wir trinken einen Kognak.«

Sie tranken ein Glas Kognak. Er war sehr stark; bei jedem Schluck schmerzte der Gaumen, als wollte man ihn herausreißen.

»Nur zu!«

Suzanne sagte:

»Da sie uns allein läßt, müssen wir allerlei üble Gewohnheiten annehmen.«

Gleich darauf wurde ihnen übel und schwindlig.

»Um so besser«, sagte Suzanne wieder. »Wir werden krank sein, wenn die Mutter zurückkommt.«

Sie hätte sich nicht gerne erbrochen, weil es weh tut, aber sie wünschte, daß ihr Bruder es unter dem Tische täte, um den Parkettboden zu beschmutzen.

Sie blieben auf, solange sie konnten. Sie gingen erst um elf Uhr schlafen, jedes in sein Bett. Jeans Bett war ein Schlafsofa, das im Speisezimmer stand. Louise schlief mit ihrer Schwester im Zimmer der Mutter. Suzanne deckte den Tisch nicht ab.

Um wieviel Uhr kehrte die Mutter heim? Sie erfuhren es nie: sie schliefen alle. Erst am nächsten Morgen, beim Erwachen, stellte Suzanne ihre Gegenwart im großen Bett fest. Suzanne brauchte nur mit einem Auge hinzublinzeln, schon war ihr Herz bereit; ein Wort, von dem ihre Brust erfüllt war, entfuhr ihrem Munde. Sie rief:

»Mutter!«

Mit einem Satz sprang sie aus dem Bett. Schlief ihre Mutter noch? Es kümmerte sie wenig. Sie warf sich über sie hin und packte sie, wo sie nur konnte. Die Mutter, vor einem solchen Überschwang von Zärtlichkeit besorgt, sagte:

»Aber, mein Gott, wenn ich gestorben wäre, liebes Herz, müßtest du doch auch ohne mich auskommen.«

Sie umarmte sie, drückte sie an sich, umschlang sie auch mit den Beinen und ließ nicht eher nach, als bis sie von der Wärme des Körpers ihrer Mutter durchdrungen war. Dann erst konnte sie den Gedanken folgen, die in ihrem Kopfe erwachten.

Sie sah jetzt ihre Mutter genau an. Nichts entging dem heftigen Blick, den sie auf alle ihre Züge richtete. Sie besah ihre Wangen, den Mund, die Augen, ging ihren Gedanken bis in ihren Kopf hinein auf die Spur. Was hatte sie gestern getrieben? Sie hob die Decke, betrachtete ihren Hals, und das Hemd herabziehend, überblickte sie angstvoll ihre Brust. Dann atmete sie sie ein, beroch sie, entdeckte etwas wie einen fremden Duft, und vornüber mit dem Gesicht auf das Kopfkissen stürzend, verbarg sie sich darin und rief:

»Ich bin eifersüchtig! Ich bin eifersüchtig!«

Die Mutter befahl den zwei anderen Kindern aufzustehen, um zur Schule zu gehen. Louise besorgte den Milchkaffee. Als sie damit fertig waren, gingen sie. Die beiden Frauen blieben zu zweit.

Suzanne weinte.

»Rühr mich nicht an«, schrie sie vor ihrer Mutter auf.

Sie stieß mit den Füßen nach ihr. Man mußte ihr endlich sagen:

»Ach, mein Kind, mögest du nie ein Gleiches wie ich erfahren! Wenn man Witwe mit fünfunddreißig Jahren geblieben ist, wenn man noch jung ist ... Aber du wirst das Leben besser kennenlernen, wenn du größer sein wirst.«

DER TRUNKENBOLD

Er war keineswegs gesonnen, alles mit sich geschehen zu lassen. Als er gegen zehn Uhr nach Hause ging, fühlte er sich jedem Widerstande gewachsen. Und auf der Stiege, während er seine Antworten zurechtlegte, war er sich bewußt, daß seine Arme in zwei harten Fäusten ausliefen, vor welchen die Schultern jeglicher Frau sich nur zu beugen hatten.

Er öffnete die Türe mit seinem Schlüssel, um jener Frau zu beweisen, daß sie nicht nötig habe, sich zu bemühen, den Riegel zurückzuschieben. Er trat ein. Die Lampe war angezündet. Die zwei kleinen Mädchen schliefen in ihren Betten. Sie schlief auch. Für gewöhnlich setzte sie einen Teller, ein Glas und eine Weinflasche auf dem Tisch für ihn zurecht. Er brauchte nur in der Küche das Essen zu holen, das sie für ihn bereit hielt. Heute hatte sie wahrscheinlich ihren Kopf aufgesetzt. Es war nicht gedeckt.

Er wollte gehen, sie zu wecken. Er näherte sich dem Bett und war schon im Begriffe, sie anzuschreien. Als er aber die Decke zurückgeschlagen hatte, brachte er kein Wort hervor.

Darauf war er nicht gefaßt gewesen, wahrhaftig nicht! Als er des Morgens an die Arbeit ging, war sie ein wenig rot gewesen, aber sie schrie für gewöhnlich so viel, daß es kein Wunder war, wenn ihr das Blut zuletzt in den Kopf stieg. Sie litt unter Hitzen, sagte sie. Es mußte wohl stimmen; denn als er sich über sie beugen wollte, um ihr wohlverdiente Vorhaltungen zu machen, stellte er fest, daß sie gestorben war.

Sie mußte nicht sehr krank gewesen sein, da die Kinder zu Bett lagen und sie Zeit gefunden hatte, sie den ganzen Tag zu betreuen. Als sie sich abends niederlegte, hatte sie wahrscheinlich wahrgenommen, daß sie müder war, als sie glaubte. Die Kongestion war ihr ins Gehirn gestiegen, ohne daß sie auch nur ein Zeichen gegeben hätte.

Er zögerte eine ganze Weile, da er nicht wußte, was ein Mann in seiner Lage tun sollte. Das erste, was ihm in den Sinn kam, war:

»Zum Teufel auch! Ich, der gekommen war und essen wollte!«

Endlich erinnerte er sich mit viel Geistesgegenwart, daß in den Sterbezimmern des Nachts ein gewisses Zeremoniell gebräuchlich ist. Es war zu spät, um die Nachbarn zu rufen, und zudem hatte er sich mit ihnen so oft gestritten, daß er keinen einzigen Rat bei ihnen einholen wollte. Während er sich den Kopf zerbrach, was alles geschah, nachdem in seiner Familie einer starb, gelang es ihm, einige Einzelheiten einer Totenwache zu veranstalten. Er legte den Kopf der Toten an die richtige Stelle, gerade mitten auf das Kopfkissen. Dann zog er das Leintuch wieder über das Gesicht. Die Lampe war zwar angezündet, aber die Sitte verlangte, daß bei einer Leiche zwei Kerzen brannten. Er sparte nicht mit seinen Schritten, und da der Krämer geschlossen hatte, ging er, nachdem er die sechs Stockwerke heruntergestiegen war, bis zum

Tabakladen, wo er auch mit seinem Gelde nicht sparte und ein ganzes Paket Kerzen kaufte. Er hielt sich unterwegs nicht auf, tat alles Erforderliche, was einem, der nach zehn Uhr in sein Haus zurückkehrt, obliegt, läutete an der äußeren Türe, wartete, daß die Portiersfrau öffnete, stieg im Dunkeln hinauf, ging den Korridor entlang, indem er an den Wänden tastete, und als er bei der Toten angelangt war, wollter er nicht hinter seiner Aufgabe zurückbleiben, so daß er nicht eine, nicht zwei, nicht drei, sondern vier Kerzen anzündete.

Als die Vorbereitungen getroffen waren, hätte er sich gerne als guter Ehemann betragen, aber auf der Uhr war es schon halb elf, und er hatte noch nicht gespeist. Sein Appetit, in Anbetracht aller Peinlichkeiten, welche der Tod einer Frau verursacht, mit welcher man zehn Jahre zusammenlebte, war freilich nicht groß, aber zuletzt überkommt der Hunger immer diejenigen, welche nicht gegessen haben. So gebot ihm die Vorsicht, hinunterzugehen und etwas zu sich zu nehmen.

Damit niemand während seiner Abwesenheit die Mutter und die Kinder störte, sperrte er die Türe sorgfältig ab.

Als das älteste der Kinder gegen elf Uhr erwachte, war es nicht wenig erstaunt. Vier Kerzen brannten im Zimmer: eine auf dem Nachttisch, eine auf dem Büfett und zwei auf dem Kamin. Das kleine Mädchen hieß Madeleine und war sieben Jahre alt. Wie freute sich

Madeleine, zu sehen, daß es ein Festtag war und man das Haus beleuchtet hatte! Zwar hätte sie es lieber gesehen, wenn man sie um Rat gefragt hätte; denn sie würde dann erklärt haben, daß man viel besser daran getan hätte, die Kerzen in farbige Lampions zu stecken. Die roten sind so schön!

Sie setzte sich im Bette auf und wartete, bis sie ganz wach war, um das Schauspiel besser zu betrachten. Vielleicht nahm in dieser Nacht der vierzehnte Juli seinen Anfang. Um so besser! Dann würde gleich die Musik ertönen.

Die kleine Marguerite, die erst fünf Jahre zählte, erwachte nun auch. Sie war zu klein, um zu wissen, was der vierzehnte Juli war, aber sie nahm mit großem Jubel das schöne Schauspiel wahr, das gewiß die Mutter, um sie zu erfreuen, bereitet hatte, während sie schliefen. Sie bezeigte die ganze Bewunderung, die sich ihrer bemächtigte, indem sie nach ihr rief, wie man in ihrem Alter zu tun pflegt, damit sie an dem Vergnügen teilnehme.

»Mutter!«

Die Mutter gab ihren Kindern nicht sogleich Antwort. Es war immer so, wenn sie arbeitete. Aber die beiden Kleinen waren von solcher Ungeduld erfüllt, daß sie, ohne länger zu warten, aus dem Bett stiegen, ohne um Erlaubnis zu fragen, um das Fest, das ihnen galt, näher zu betrachten.

Ja, der Kerzen waren in der Tat vier, und sie waren alle angezündet.

Zwei standen auf dem Kamin, eine auf dem Büfett

und die vierte auf dem Nachttisch. Es war sehr hell, die Flammen der Kerzen tanzten.

Die Mutter wollte an diesem Abend wohl Versteck spielen. Sie hatte das Leintuch über den Kopf gezogen, aber da ihr Körper einen großen Buckel unter der Decke bildete, brauchten die zwei kleinen schlauen Mädchen nicht lange zu suchen. Marguerite, die ein rechter Teufel war, schrie:

»Oh! ich sehe dich, du bist im Bett!«

Sie lachten unbändig alle beide. Und um ihrer Mutter recht zu zeigen, daß sie wußten, woran sie waren, hoben sie das Leintuch.

Einen Augenblick lang glaubten sie, daß die Mutter ein komplizierteres Spiel mit ihnen triebe als das des Versteckens. Sie freuten sich bei dem Gedanken, daß sie es bald kennenlernen würden. Sie bemühten sich bereits, es zu verstehen. Bald aber überkam sie die Ungeduld. Sie stampften ein wenig mit dem Fuße. Und siehe, die Ungeduld wich einem anderen Gefühl. Ihre Mutter war eine Art sehr weißen Tieres geworden, das sich nicht mehr rührte. Vielleicht war sie böse. Wer weiß, ob sie nicht plötzlich Lust haben würde, sich in ihrem Bette aufzurichten, auf sie loszustürzen, um sie zu verschlingen!

Welches Geschrei sie anstellten! Sie wußten nicht, was für Worte sie schreiend aussprechen sollten. Sie wagten nicht mehr »Mutter!« zu rufen, aus Furcht vor dem Tiere, das statt ihrer Mutter im Bette lag. Schreie drangen überall aus ihnen heraus. Ihre Nasen liefen, ihre Münder schäumten, und die zwei blutunterlaufenen Blicke ihrer Augen schienen die Wunde zu sein, welche sie schreien machte.

Diesmal liefen die Nachbarn herbei in der Annahme, daß der Trunkenbold, nicht zufrieden, seine Frau zu schlagen, auch seine Kinder schlug. Jeder gedachte, den Schutzmann zu rufen. Die Männer zögerten nicht und schlugen die Türe ein, um ein Verbrechen zu verhüten. Die Frauen folgten ihnen. Wie erstaunt waren sie! Die Kinder schrien jetzt noch lauter, da sie glaubten, daß alle diese Leute daherkamen, um ihnen auch etwas zuleide zu tun.

Es zwar zwei Uhr, als der Trunkenbold nach Hause kam. Seine Frau war tot, nun ja, sie war halt tot! Schluß! Nachdem er gegessen hatte, hatte er getrunken. Morgen würde er viel Mühsal haben. Mittlerweile, da er in der Weinstube saß, konnte er ja dort verbleiben, bis man zumachte.

Er hätte gern einen großen Krach gemacht, weil man ihm die Türe eingerannt hatte, und dann, weil die Nachbarn sich um Begebenheiten kümmerten, die sie nichts angingen. Aber er war schläfrig. Er begnügte sich mit einem sensationellen Auftreten und warf zornige Blicke um sich her, dann setzte er sich auf einen Stuhl, stützte den Ellbogen auf den Tisch und schlief alsbald ein, den Kopf in der Biegung seines Armes vergraben.

DAS BEKENNTNIS

Manuskript, bei einer Kranken im Spital der Salpêtrière vorgefunden

Bevor ihr diese Erzählung lest, entschuldigt gütigst die orthographischen Fehler, denn ich war noch sehr jung, als ich die Schule verließ, und ich hatte für das Studium keinerlei Sinn. Ich werde euch keine Beschreibung meines Lebens erstatten, sie wäre zu lang, sondern den traurigen Bericht meines Unglücks.

Im Jahre 1899 machte ich die Bekanntschaft eines jungen Mannes, der mir vorschlug, mit ihm zu leben. Da ich bei meinen Eltern wohnte, wies ich erst diesen Vorschlag zurück. Da er jedoch darauf bestand und mich glücklich zu machen versprach, gab ich seinem Drängen nach, weil ich seinen lügnerischen Versprechungen glaubte. So verließ ich meine Eltern, um die Gefährtin desjenigen zu werden, der mein Unglück und sein eigenes verursachen sollte.

Eine Zeitlang war das Leben, wenn auch nicht ohne Stürme, so doch erträglich. August (so nannte sich der Unglücksmann) war dem Trunk ergeben und machte mir fürchterliche Eifersuchtsszenen. Zudem hatte er seine Arbeit an den Nagel gehängt und wollte, daß ich mich einem schlechten Lebenswandel ergebe. Wie viel Streit und Zank gab es nunmehr! Ich konnte nicht begreifen, warum er eifersüchtig war, da er mich zu dem traurigen und schändlichen Gewerbe zwang. In den Zwischenzeiten, während er sich nicht betrank, war das Leben nicht ohne Reize. Aber wie teuer erkauft man diese flüchtigen und so wenig dauerhaften Freuden.

Eines Tages, als ich zwei Messerstiche von ihm erhalten hatte, beschloß ich, dieses stürmischen Lebens müde, ihn zu verlassen und zu meinen guten Eltern zurückzukehren. Ich benützte also seine Abwesenheit, um meine Habseligkeiten zusammenzuraffen und wie der verlorene Sohn zu denen zurückzukehren, welche ich nie hätte verlassen sollen.

August schrieb mir mehrere Briefe, die ohne Antwort blieben, und zwei Monate hindurch hörte ich nichts mehr von ihm. Aber am Sonntag, dem achten Juli eintausendneunhundert, begegnete ich seiner Schwester, die mir Vorwürfe machte, daß ich ihn verlassen hatte; sodann machte sie mir den Vorschlag, sie nach Hause zu begleiten. Es war aber ihr Bruder, zu dem sie mich führte.

August empfing mich mit sanften Vorwürfen und vergaß auf einen Augenblick, daß ich ihn verlassen hatte. Bald darauf gesellten sich seine Freunde zu ihm und spendierten Schnäpse, die uns beiden zum Unheil gereichen sollten. Er fing an, sich zu betrinken, und nachdem der Nachmittag angenehm verlaufen war, brachen die Vorwürfe aus. Als ich den Wunsch äußerte, zu meinen Eltern zurückzukehren, ging es erst recht los. Er nahm sein Messer, steckte es in seinen Gurt, und sagte mir:

»Komm, ich werde dich begleiten.«

Ich ging mit ihm, stets bemüht, ihn zu beruhigen, indem ich zu ihm sagte:

»Wenn wir nicht mehr zusammen sind, so ist es, weil du es gewollt hast. Du hast lieber deinen falschen Freunden Gehör geschenkt, als ruhig zu bleiben und denen aus dem Wege zu gehen, welche dir nur Übles wollen.«

Auf einen geringen Anlaß hin geriet er von neuem in Zorn und wollte von meinen berechtigten Vorwürfen nichts wissen. Er forderte mich auf, bei einem Weinhändler einzukehren, indem er sagte:

»Wenn du keine feige Person bist, so trinke Absinth.«

Ich gab zurück:

»Wenn es dir Freude macht, will ich dir noch einmal willfahren.«

Und ich trank eine Menge von diesem Gift (das man Aperitif nennt). Als wir das Lokal verließen, sagte er mir:

»Es ist also wahr, du bist entschlossen, mich zu verlassen?«

Ich bestätigte ihm meinen Entschluß.

Da versetzte er mir einen heftigen Faustschlag mitten ins Gesicht. Die Waffe in seinem Gurt fiel zu Boden. Ich sah meinen Mund blutüberströmt; nicht mehr wissend, was ich tat, hob ich das verfluchte Messer und stieß es ihm in die Brust. Der Unglückliche brach zusammen, er war tot. Er starb auf der Stelle infolge einer Blutung.

Ich wurde verhaftet und zur Polizei gebracht. Nachdem der Untersuchungsrichter, Herr D…, mich vernommen hatte, nahm ich den Gefängniswagen, um in das Gefängnis von Saint-Lazare zu fahren, woselbst ich fünf Monate in Untersuchungshaft blieb.

Ich kam vor die Geschworenen der Seine, am… eintausendneunhundert, und wurde zu fünf Jahren Zwangsarbeit verurteilt. Nachdem aber das Urteil gefällt worden war, erkannten die Geschworenen, daß sie sich geirrt hatten. Statt die Frage, ob der Tod infolge von beigebrachten Verwundungen, ohne Absicht ihn hervorzurufen, eingetreten sei, zu bejahen, bejahten sie die Frage des Totschlags und vergaßen der mildernden Umstände.

Mein Verteidiger, Herr M…, bewirkte jedoch, daß ein Gnadengesuch bewilligt wurde, und ich erhielt ein Jahr, mit Erlassung der Zwangsarbeit.

So begann ich denn hinter Schloß und Riegel ein hartes und trauriges Leben, fern von den Meinen, und von Gewissensbissen gefoltert.

In diesem Hause des Leidens, der Reue und der Buße war mein Leben ein wirkliches Martyrium, denn wenn es hart ist, als eine Gefangene im Zellengefängnis zu stecken, so finde ich es nicht minder trübselig, in einem Atelier zu sein, ohne bei schwerer Strafe das Wort an seine Gefährten richten zu dürfen, auf einem Stuhle sitzen zu müssen, ohne sich zu rühren, bevor nicht zu festgesetzter Stunde die Höllenglocke ertönt.

Dennoch saß ich meine Zeit tapfer ab, und als die

Häftlinge von Clermont nach Rennes abtransportiert wurden, haben meine Eltern ein Gesuch eingereicht, damit ich die übrige Strafzeit im Zellengefängnis von Fresnes verbringen dürfe.

Das Gesuch wurde bewilligt. Ich kam in dieses Haus, wo ich fünf Monate saß. Dann wurde mir die bedingte Entlassung zuteil, und ich war frei. Mit welcher Freude! Doch ach! sie sollte von kurzer Dauer sein, denn acht Tage später hielt ich meinen Einzug in die Krankenabteilung des Distrikts.

Es ist wohl begreiflich, daß mein armes Gemüt nach allem, was ich erlebt hatte, recht verbittert war, denn ich könnte die Leiden nicht schildern, die ich durchmachte. Es wäre fast unmöglich! Welch traurige Erinnerung!

Als ich zu meinen Eltern zurückkehrte, wurde ich mit offenen Armen empfangen. Die ersten Tage verliefen ohne Ungemach, aber später weigerte ich mich, etwas zu essen und ärgerte mich um ein Nichts. Eines Tages begab ich mich zur Polizeistation, um zu verlangen, daß meine bedingte Freilassung aufhören solle, denn ich wollte nicht unter polizeilicher Aufsicht stehen.

Was geschah seitdem? Ich weiß es nicht. Ich weiß nur, daß ich krank war und daß ich geheilt bin. Ich sehne den glücklichen Tag herbei, an dem ich zu meinen Eltern zurückkehren werde, um ihnen über den Kummer, den ich ihnen bereitete, sowie die traurige Vergangenheit hinwegzuhelfen.

Während meiner Haftzeit habe ich nachgedacht,

und heute weiß ich, daß es zwei Wege gibt: den guten und den schlechten. Der eine, welcher durch Arbeit und gutes Verhalten zum Glück führt, dem Herzen jenen süßen Frieden und die Freude und die Heiterkeit verleiht, welche nur bei jenen zu finden ist, die ihre Pflicht erfüllen. Der andere, der verächtliche Freuden verschafft, Enttäuschungen, und das Herz ist von Gewissensbissen und vergeblicher Reue erfüllt.

Indem ich dieses Haus verlasse, will ich mein vergangenes Unrecht gutmachen und mich vor den Augen aller, die mich gekannt haben, rehabilitieren, indem ich eine ehrliche und fleißige kleine Arbeiterin werde, um wieder einen Beweis zu liefern, daß, wenn so manche aus dem Gefängnis Entlassene im Unrecht beharren, es auch andere gibt, die sich dem Rechten zukehren und das Leben kennen, denn sie haben gelitten und konnten auf ihre eigenen Kosten Erfahrungen sammeln.

Marguerite M…

DIE BESUCHER

Sie hatten sich gerade heute viel und lang herumgestritten. Ja, sie stritten sich noch. Der Alte, der kurzatmig war, hatte gewollt, daß seine Frau während des Essens das Fenster nicht schließe. Die Alte, die sich um ein Nichts einen Schnupfen holte, wollte nicht darein willigen. Dies bot dem Alten die Gelegenheit, sich wieder einmal zu sagen, daß er sein ganzes Leben hindurch einer Eigensinnigen hatte nachgeben müssen. Er fing an, sehr laut zu atmen, er gab sich sogar viel Mühe, ein großes Geräusch zu veranstalten. Aber sie stellte sich taub.

So weit waren sie gekommen und hatten kaum zwei Löffel Suppe geschluckt, als sich die Türe des Speisezimmers leise öffnete. Der Alte wollte gerade sagen:

»Bist du denn nicht einmal fähig, deine Türen zu schließen?«

Er hatte nicht Zeit dazu. Zwei Männer traten herein. Das erste Gefühl des Alten war grausam. Er triumphierte. Er warf seiner Frau einen Blick zu, der sagen wollte:

»Hättest du das Fenster offen gelassen, wie ich es wünschte, so könnten wir jetzt um Hilfe schreien.«

Sodann erinnerte er sich genau, daß er am letzten Jahrmarkt die beiden Männer, die vor ihm standen, gesehen hatte. Der große trug einen Vollbart, der kleine war einäugig, und sie trugen wie heute lange, blaue Kittel mit weißen Knöpfen. Es war ihm sogar aufgefallen, daß sie beide hart aussahen, und er erinnerte sich, daß er damals Vermutungen betreffs ihres Handwerks angestellt und sie für Viehtreiber gehalten hatte.

Ein Dieb ist immer ein wenig verlegen im Augenblick, wo er ein Haus betritt. Um diese aber stand es viel schlimmer. Man fühlte einen Augenblick lang, daß sie sogar zögerten; einen Moment lang durfte man sich fragen, ob sie nicht kehrtmachen, die Türe öffnen, und, um die Aufmerksamkeit nicht zu erregen, auf den Fußspitzen enteilen würden. Aber der eine von den beiden, der einäugig war, konnte nicht umhin, auszurufen:

»Man hatte uns gesagt, daß Sie abwesend seien!«

Der Alte war im Begriff, sich ihnen gegenüber so zu benehmen, wie man es unter gewöhnlichen Umständen bei Leuten tut, welche ins Haus treten. Er hätte sie fast gefragt:

»Was verschafft mir die Ehre, meine Herren?«

Sie waren nahe daran, sich ebenso zu verhalten und eine Rechtfertigung für ihre Anwesenheit zu wagen. Sie dachten schon: vielleicht könnten wir sagen, daß wir die Einrichtung dieses Hauses rühmen hörten, und um in der Abwesenheit seiner Bewohner niemand zu stören, gekommen sind, einen Blick hereinzuwerfen, in der Absicht, es zu mieten.

Aber der große im Vollbart besann sich eines anderen, bevor er etwas sagte. Er fand etwas Besseres als Worte. Mit der linken Hand packte er den Greis am Halse und versetzte ihm mit der rechten mehrere Faustschläge auf den Kopf.

Der zweite der Diebe, der einäugig war, machte sich alsbald die Handlungsweise seines Spießgesellen zunutze. Er wandte sich der Alten zu und sagte zu ihr:

»Ihr Geld, meine Dame, und Ihr Mann bleibt am Leben!«

Alles ging vortrefflich vonstatten. Der Bärtige ließ den Greis los, dieser bewegte ein wenig den Hals, der ihn schmerzte. Die vier Personen standen auf ihren Füßen. Die Situation, die erst verwickelt schien, war jetzt sehr klar. Auf die Frage, die ihr gestellt wurde:

»Wo haben Sie Ihr Geld?« antwortete die Alte:

»Oben im Schrank.«

Sie ging sogar einen Schritt weit auf die Treppe zu.

Aber die beiden Diebe sagten:

»Wir werden mit Ihnen hinaufgehen, denn unsereiner ist genötigt, vorsichtig zu sein. Wenn man einen allein in ein Zimmer gehen läßt, öffnet er das Fenster und schreit.«

Es war das Schlafzimmer, welches sie alle vier betraten.

Die Alte zitterte so sehr, daß sie große Mühe hatte, den Schrankschlüssel in ihrer Tasche zu finden, und als sie ihn hielt, war sie unfähig, ihn in das Schloß einzuführen. Einer der Diebe mußte ihr zu Hilfe kommen.

»Geben Sie her!« sagte er.

Sie händigte ihm den Schlüssel aus. Er öffnete die Türe selbst.

Als die Schranktüre offenstand, kam ein Stoß Wäsche zum Vorschein und zwei Schubladen, von welchen die eine mit einem Schloß versehen war. Als er diese gewahrte, sagte der Dieb:

»Soll ich Ihnen helfen, sie zu öffnen?«

»Nein, danke«, gab sie zurück.

Sie öffnete sie selbst fürs erste. Sie machte dabei eine merkwürdige Handbewegung; sie zog eine Brieftasche aus der Lade hervor, und hastig, als brenne sie ihr zwischen den Fingern, reichte sie sie dem einen der beiden Männer.

Die Diebe nahmen sich Zeit, durchzusehen, was die Brieftasche enthielt. Sie zogen erst dreihundert Franc-Noten hervor. Der Bärtige reichte sie dem Einäugigen, indem er sagte: »Steck das in deine Tasche.«

Die anderen Papiere, die er durchsuchte, waren Leihscheine oder Quittungen. Er besah sie alle, schob sie dann wieder hinein. Er gab die Brieftasche der Alten zurück.

»Wir brauchen das nicht«, sagte er.

Sie hätten jetzt schon gehen können, aber sie gingen noch nicht. Sie erfüllten ihre Aufgabe bis zum Schluß. Sie sagten:

»Sie haben da noch einen Stoß Wäsche. Das kennen wir. Wer bürgt uns, daß Sie nicht zwischen zwei Leintüchern einen Geldsack versteckt halten?«

Sie wollte nichts hören.

»Meine Herren, ich versichere Ihnen, hier ist nichts.«

»Nur heraus mit der Wäsche«, erwiderten sie.

Die Alte benahm sich wie eine alte Gans.

Wenn man etwas verstecken will, muß man doch

wissen, wie. Sie zog ein Leintuch nach dem anderen heraus, und beim vorletzten angelangt, statt zu tun, als ob nichts wäre, stutzte sie. Ein Kuvert kam hervor, das zwischen den zwei untersten Leintüchern versteckt war.

»Ei, was ist das?« sagten die Diebe. »Zeigen Sie her.«

Sie war dumm genug, ihnen das Kuvert zu überreichen. Es enthielt tausend Francs. Ob sie auch sagte:

»Dieses Geld haben wir gestern abgehoben. Ich hatte es versteckt. Wir brauchen es unbedingt, meine Herren, um Einkäufe zu bezahlen, die wir gemacht haben.«

Der Bärtige sagte wieder zum Einäugigen:

»Steck das in die Tasche. Meine Dame, wir können uns mit solchen Einwänden nicht befassen.«

Sie mußte ihnen übrigens den ganzen Schrank ausräumen, und als er leer war, untersuchten sie dessen Inneres. Sie sagten:

»Sie versichern uns, daß keine Geheimfächer darin sind?«

Die Alte, die sie jetzt gewähren lassen konnte, erwiderte:

»Sehen Sie selber nach, meine Herren.«

Bevor sie abzogen, als ihr Geschäft besorgt war, warfen sie noch einen unbeteiligten Blick um sich her, den Blick neugieriger Leute. Das Zimmer war schön, besonders sehr gut instand gehalten. Der Parkettboden war gewichst, das Bett war kompakt und von Vorhängen umgeben, die in schweren Falten niederfielen. Es waren auch noch ein Schrank, ein Büfett, ein

Spiegel, vergoldete Vasen, Stühle, ein merkwürdiger Sessel da.

»Was ist denn das?« fragten sie, indem sie darauf deuteten.

»Das ist ein Betstuhl«, sagte die Alte.

Sie entdeckten über dem Kamin eine große Photographie, die einen Mann mit einem Schnurrbart darstellte.

»Das ist wohl Ihr Sohn?« fragten sie den Greis, der bisher in einer Ecke geblieben war, ohne ein Wort zu sagen. Wahrscheinlich hatte er Halsschmerzen.

»Ja, und wenn er hier gewesen wäre, hätten sich die Dinge anders zugetragen.«

Er war erbost. Sie fingen keine Händel mit ihm an. Im Begriff fortzugehen, sagten sie:

»Wir möchten Sie darauf aufmerksam machen, daß wir nicht allzu anspruchsvoll sind. Wir fordern Ihnen nicht das Geld ab, das Sie etwa in Ihren Taschen tragen.«

Sie gingen hinaus, wie sie hereingekommen waren, durch den Garten vermutlich. Erst eine Stunde später wurden die Alten von Angst erfüllt. Fürs erste waren sie ganz benommen gewesen.

DER MÖRDER

Es geschah während der Ferien. In dem Pensionat, welches der Pater Réveillard leitete, blieben nur noch drei. Der Pater Réveillard selber natürlich, ein alter Priester, der schon ein wenig zu spinnen schien, der Pater Patin, welcher die Wissenschaften lehrte, und endlich Henri Leroy, der zurückgeblieben war, weil er nicht gewußt hätte, wohin sich wenden, und weil von den sechs Dienstboten wenigstens einer zugegen sein mußte, um hier und da rein zu machen und für die zwei Patres zu kochen. Er war einer jener Entgleisten, die ja vorkommen, und die eine Dienstbotenstelle annehmen bis auf weiteres.

Es war eines schönen Morgens Punkt drei Viertel auf sieben. Henri wichste dem Pater Réveillard die Schuhe, als ihn ein eigentümlicher Gedanke befiel.

Er sagte sich: »Einer, der an meiner Stelle wäre, fände hier etwas zu machen. Der Pater Réveillard schläft immer bei offener Tür. Durch den Schlafsaal gehen, der mein Zimmer von dem seinen trennt, zu ihm hinschleichen, ihn umbringen, dann das Geld nehmen, das in seinem Schreibtisch liegt...«

Und dieser Gedanke, als er in Henri aufgekommen war, streckte sich sozusagen der Länge nach in seinem Kopfe aus und zog sogar eine ganze Reihe anderer Erwägungen nach sich, die einen noch größeren Raum beanspruchten.

»Pater Patin schläft im oberen Stock und wird nichts hören können.«

Und nun sah der junge Mann durch das Fenster in den Park hinaus, wie um sich zu vergewissern, in welcher Welt er lebte, und sofort festzustellen, daß er nicht in einer Welt lebte, in welcher man derartige Pläne ausführte. Das Wetter war schön, die Luft war rein, die Vögel sangen in den Bäumen. Es war einer jener hellen Sommertage, an welchen man unfähig wäre, eine schlimme Tat zu verrichten, weil die schlimmen Taten das Dunkel als Helfershelfer erheischen.

Dessen ungeachtet, aufs Geratewohl, sah sich Henri auf der Stelle vor. Er ging unverzüglich zum Pater Réveillard, um ihm eine Tatsache mitzuteilen, die sich ihm da wie ein glückliches Ereignis darbot:

»Hochwürden, ich habe bemerkt, daß Ihr Schuh zerreißen will. Wollen Sie die Pantoffeln anbehalten, während ich ihn flicke?«

Er wußte nicht recht, wie man Schuhe flickt. Er hatte keine Ahle, er zerbrach mehrere Nadeln, er brauchte sehr lange, er mußte viel von jener Geduld aufbringen, die so schwierig ist und große Anstrengung erfordert. Er ersparte dem Pater Réveillard die Kosten einer Schuhreperatur.

Daraufhin wartete er keinen Augenblick und fing eine Arbeit an, die, um richtig durchgeführt zu werden, mehrere Tage erfordert. Er nahm eine große Stö berei des Pensionates vor. Er wusch, frottierte, fegte, wischte. Er stieg auf die Tische, die Betten, die Stühle, erkletterte Leitern, stellte Gerüste auf, um die Decken der Säle zu erreichen. Er arbeitete drei Tage. Wie er schwitzte! Er legte einen großen Mut an den Tag. Er konnte erst innehalten, nachdem Pater Réveillard ihm gesagt hatte:

»So plage dich doch nicht so, mein Lieber! Du hast ja Zeit, dies alles einige Tage vor dem Schulbeginn zu tun.«

Jetzt war es erreicht. Der alte Priester hatte ihm ein gutes Wort geschenkt. Er bewahrte ihm viel Dankbarkeit dafür. Nun würde er außerstande sein, ihm ein Leid zuzufügen.

Tags darauf geriet Henri auf einen noch besseren Einfall. Er stellte sich genauso an, als hätte er Lust, jenen Plan, den er gefaßt hatte, zu vollführen. Er wartete, bis es zehn Uhr schlug. Pater Réveillard war sicher zu Bett. Auf die Gefahr hin, gescholten zu werden, betrat er sein Zimmer.

Der Greis schlief, ein Nachtlicht brannte auf dem Tisch neben seinem Bett. Henri fühlte seinen Mund wie von einem warmen, wohltuenden Wasser erfüllt, als er wahrnahm, daß er gar keine Neigung verspürte, ihn zu töten. Bei dem Geräusch, das er machte, erwachte der Priester. Der junge Mann hatte schon seine Worte bereit.

»Hochwürden, ich kann nicht schlafen. Ich wollte, Sie würden mir ein Buch leihen.«

Pater Réveillard schien gar nicht erstaunt über diesen nächtlichen Besuch. Er war ja so gut! Er erwiderte:

»Hättest du mir's doch gesagt, du Armer.«

Welches Buch lieh er ihm da? Henri vernahm die

kleine Predigt nicht, die ihm der Priester hielt. Er war ganz von einem einzigen Gedanken beseelt: »Jetzt ist alles vorbei. Hätte ich einen Mord begehen können, so wäre er jetzt geschehen!«

Er nahm das Buch mit. Er las es aufmerksam, um seinem Herrn zu gehorchen. Es war das Evangelium. Er suchte jedes Wort zu verstehen, den Sinn jeder Parabel zu erfassen, und um dem Pater Réveillard Freude zu bereiten, wollte er Nutzen aus der Lektüre ziehen. Er gelangte bis zur Bergpredigt, und als er die Stelle las, wo von den Lilien geschrieben steht, daß Salomon in aller seiner Pracht nicht so herrlich gekleidet sei wie eine von ihnen, mußte er innehalten. Es gab auf der Welt etwas, das sich die Schönheit nannte. Tränen des Glückes überfluteten seine Augen angesichts eines so erhabenen Gedankens. Er dachte lange über die Gleichnisse von den Reben, dem Weizen, den Sperlingen hin und her; er war selig bei dem Gedanken, daß Jesus gesagt hatte: »Ihr sollt werden wie die Kinder!«

Aber was steckt denn nur im Gehirn, daß böse Gedanken, die einmal Einlaß darin fanden, es nicht mehr verlassen können? Als Henri am nächsten Morgen erwachte, fühlte er, daß ihm etwas im Leibe saß, das ihn fiebern machte. Den Vormittag über sagte er sich hartnäckig: »Ich bin krank.«

Während des Nachmittags legte er sich ganz angezogen auf sein Bett, um sich selbst zu beweisen, daß er krank sei. Er verfiel auch tatsächlich in einen sehr schweren Schlaf.

Er erhob sich erst gegen sechs Uhr, um das Essen zu bereiten. Er bediente die beiden Patres, aß selbst, wenn auch sehr wenig. Um acht Uhr lag er zu Bett. Er schlief sofort ein.

Er hätte in der Folge einen großen Entschuldigungsgrund für sich geltend machen können. Um elf Uhr war es, als ob jemand ihn weckte und ihm befahl, aufzustehen.

Er kleidete sich an. Zu all seinen übrigen Gedanken hatte sich noch ein anderer gesellt: »Ich diene und erhalte im Monat dreißig Francs Lohn; im Schreibtisch des Paters Réveillard liegen vielleicht Tausende von Francs.« Fürwahr, dieser Einfall war ihm noch nicht gekommen.

Seine Kerze haltend, ging Henri in die Küche hinunter und nahm einen Hammer. Er stieg wieder herauf, durchschritt den Schlafsaal der Länge nach und kam in das Zimmer des Paters Réveillard. Er nahm sich die Zeit, die Kerze auf den Nachttisch zu stellen. Es war zu leicht, das Verbrechen auszuüben, um es zu unterlassen. Ein schwerer Hammerschlag, recht schnell, auf die Schläfe des alten Priesters...

Er konnte nicht umhin, auszurufen: »So, da hätten wir's!«

Dann atmete er erleichtert auf.

Henri blieb ungefähr fünf Minuten lang im Zimmer des Paters Réveillard. Die Gefühle, die ihn während dieser Zeit bewegten, waren grotesk. Er stand, ohne sich zu rühren, vor dem Schreibtisch und hatte keine Lust, das Geld zu besitzen, das er enthielt. Er wartete eine Weile, um dieser Lust Zeit zu lassen, ihn anzuwandeln. Er war sehr müde; um eine Schublade zu sprengen, schien ihm eine Kraft der Arme, der Schultern und des Nackens nötig, wie ein Riese sie brauchte, um einen Berg zu heben. Was hätte er außerdem mit dem Gelde angefangen?

Plötzlich fuhr ihm ein fürchterlicher Gedanke durch den Kopf: er konnte nicht bleiben, wo er war. Ein Bedürfnis zu fliehen überrumpelte ihn. Er konnte keine Sekunde länger warten, und er lief davon.

Er lief durch den Park. Als er zur Mauer kam, die ihn umgrenzte, faßte er sie mit beiden Händen und lehnte sich mit seinem ganzen Gewicht darüber, als wäre er imstande, sie niederzureißen. Dann lief er ihr entlang; dann, da er ihr Ende nicht fand, gab er es auf, ihr entlang zu laufen. Er hielt inne; er sah erst um sich her, dann empor; er stellte etwas Merkwürdiges fest: die Sterne, als er sie erblickte, taten seinen Augen weh.

Ein beglückender Einfall kam ihm jetzt doch zu Hilfe. Ja, dies war das Richtige. Er machte kehrt und ging ins Haus zurück. Was wollte er tun? Tastend ging er eine sehr steile Treppe hinab. Wo ging er hin? Bisweilen wußte er es nicht mehr. Er ging in den Keller. Er betastete die Wände. Die ganze Welt schien ihm eine große, feuchte Mauer, an der man herumtastet. Als er aber in den Keller eintrat, war er in absoluter Finsternis. Welches Glück! Sein Leben hätte er hier verbringen können. Die Dunkelheit deckte sein Denken zu; er war wie einer jener Nachtvögel, die sich in

Löchern verbergen und nie gesehen werden möchten. Er legte sich nieder, er schlief.

Als er am Morgen erwachte, ging es ihm viel besser. Er ging zum Zimmer des Paters Patin hinauf, der noch schlief. Er rüttelte ihn auf und warf ihm die Worte an den Kopf: »Ich habe den Pater Réveillard ermordet!«

Dann lief er in dessen Zimmer hinein.

Als Pater Patin einen Moment später herunterkam, sah er Henri, den Mörder, wie er, über das Bett des Greises gebeugt, seinen Kopf mit einer Gebärde des Wahnsinns in seine Arme nahm und sein Gesicht mit Küssen bedeckte.

TIENNE

Man hatte ja nie geglaubt, daß Tienne den Winter überleben würde; er hat es doch bis zum Frühjahr gebracht. Und dann bringt man es leicht bis zum Sommer; Tienne ist noch unter den Lebenden, aber er ist lange nicht so gefaßt, oder, wie man zu sagen pflegt, lange nicht so vernünftig wie das Jahr vorher.

Des Morgens zum Beispiel, wenn er an seine Suppe geht, wird man ihm vergeblich sagen:

»Gib acht, sie ist heiß.«

Tienne kann nicht an sich halten, sobald ihm die Speise vorgesetzt wird. Bei den zwei ersten Schlucken brennt er sich stets, und es macht ihn nicht vorsichtiger. Den nächsten Tag hat er schon vergessen, daß er sich tags zuvor gebrannt hat.

Am peinlichsten ist es ihm, daß er jeden Morgen von acht bis elf Uhr allein bleiben muß. Alles Zureden ist vergeblich:

»Schau her, du, sitz schön auf deinem Stuhl vor dem Fenster. Was willst du mehr? Betrachte dir die Seine, du wirst die Schiffe kommen sehen.«

Tienne will nicht in seinem Zimmer bleiben. Er tut zwar immer, als willigte er ein; aber sobald er allein ist, erhebt er sich, so gut er kann, indem er sich auf seinen Stock lehnt. Dann stützt er sich auf seine Stuhllehne, seinen Tisch, das Bett, das ihn am Fallen hindert. So gelangt er bis zur Tür und bringt sie auf. Aber er bringt sie nie zu, weil das zu schwer ist.

Tienne erreicht endlich die Treppe. Er bedarf nur noch einer halben Stunde, um hinunter bis zum Kai zu kommen. Er bedient sich der Rampenstäbe, um hinabzusteigen. Er erfaßt einen davon mit beiden Händen, und wenn er sich gehalten fühlt, kann er, indem er vorsichtig mit seinen zwei Beinen weiterrückt, doch immerhin eine Stufe weiterkommen.

Manchmal widerfahren ihm Abenteuer unterwegs. So zum Beispiel, wenn jemand die Stiege heraufkommt und sieht, wie Tienne sie in ihrer ganzen Breite verstellt. Tienne möchte sich gern schnell vorwärtsbewegen und sogleich die Diele erreichen, wo genügend Platz ist, so daß er sie nicht ganz einnimmt, aber die Angst lähmt ihn, und der Vorübergehende muß warten. Alle Menschen sind sehr nett zu Tienne. Man sagt ihm:

»Lassen Sie sich Zeit.«

Er wird für alle Mühe, die er sich gibt, entschädigt, weil man ihn anspricht.

Unten vor der Portierloge angelangt, ist er allerdings müde, aber froh, angekommen zu sein. Er klopft an die Scheibe und sagt:

»Ich bin's!«

Und er lacht, weil er es wirklich ist.

Die Portiersfrau ist freundlich mit Tienne, weil er vor ihr der Portier dieses Hauses war. Sie bringt ihm einen Stuhl. Er setzt sich vor das Haus.

Des Morgens geht jeder seinen Geschäften nach, niemand hat Zeit, mit einem zu plaudern. Tienne ist ganz allein mit dem schönen Wetter. Er hält Umschau, um zu sehen, wie es sich mit dem schönen Wetter verhält. Das schöne Wetter ist schön. Die Luft ist immer gleich, wie zur Zeit, als Tienne jung war, kann sein, daß sie sich nicht mehr so leicht einatmen läßt, aber für Tienne genügt sie immer noch. Das Haus wirft einen großen Schatten. Auf der anderen Seite des Geländers fließt die Seine dem Kai entlang, die Bäume sind da, der Himmel ist überall, ohne Zwischenraum überragt er, was sich dem Blicke zeigt.

Tienne freut sich, daß er seinen Platz auf der Welt behalten konnte. Er hütet ihn. Er sieht alles, was es gibt. Er stützt beide Hände auf seinen Stock, er hält sich so gerade, wie er kann, er schaut, er schaut von neuem, er macht aus den zwei Augen, die er besitzt, den bestmöglichen Gebrauch, und ohne Lärm zu schlagen, sorglos, glücklich, wie man es in seinem Alter ist, macht er kleine Bewegungen mit seiner Zunge, die manchmal hervorschaut, und man möchte glauben, er sauge an dem schönen Wetter.

Um elf Uhr sieht er seine Tochter kommen, die ihre Hausarbeiten verrichtet hat. Sie sagt ihm:

»Du bist schon wieder heruntergekommen. Das dumme ist, daß du wieder hinauf mußt.«

Sie wird bald sechzig Jahre alt. Und dabei hatte Tienne nicht jung geheiratet; er war damals siebenunddreißig Jahre alt. Und er hat dennoch Zeit gehabt, seine Frau, die jünger war als er, sterben, und seine Tochter bucklig werden zu sehen.

Diese hatte eine Zeitlang freilich getrachtet, ihn im Freien essen zu lassen. Sie richtete ihm ein Tischchen zurecht, da aber die Unterlippe Tiennes ein wenig herabhängt, fällt ein Teil der Speisen, die er in den Mund steckt, auf seinen Teller. Die Vorübergehenden bemerkten es und hätten darüber spotten können.

So sieht sich Tienne genötigt, jeden Tag um elf Uhr die fünf Stockwerke zu ersteigen. Er bedient sich dabei derselben Methode, wie um herunterzukommen, das heißt, er klammert sich an den Stäben der Rampe fest. Seine Tochter hat ihm sehr oft unter den Arm greifen wollen, aber Tienne geriet in Zorn. Er ist stolz, und er will aller Welt zeigen, daß er fähig ist, eine Treppe ohne Beihilfe heraufzusteigen.

Am Nachmittag, nachdem Tienne seine Rückreise hinter sich hat und in seinem Stuhle vor dem Hause sitzt, hat es eins geschlagen, und bis um sieben Uhr braucht er keinen Finger mehr zu rühren.

Wie schön ist der Nachmittag! Jedermann schenkt dem Tienne seine Aufmerksamkeit. Diese Ecke des Kais ist gar ruhig. Die Kinder können hier spielen ohne Angst vor den Wagen. Man häkelt, man springt Seil, man spielt Katz und Maus. Man setzt sich auf die Stühle oder man läuft herum. Die Buben sind die waghalsigsten. Da ist immer einer, der an Tienne die Frage richtet:

»Ist es wahr, daß Sie hundert Jahre alt sind?«

Die Antwort Tiennes ist merkwürdig. Er will zwar seine Vorteile wahren, dabei aber doch bei der Wahrheit bleiben. Er sagt:

»Ja. Ich bin neunundneunzig Jahre alt.«

Es sind da auch sehr fleißige oder sehr hübsche

kleine Mädchen, gewiß, welche die Blicke der Vorübergehenden auf sich ziehen, aber von allen Kindern ist Tienne dasjenige, welches die meiste Beachtung erfährt. Manche Leute machen einen Umweg, um ihn zu sehen. Man sagt ihm:

»Nun, Tienne! Geht es noch immer?«

Tienne traut sich nicht, mit erwachsenen Personen ein Gespräch anzufangen, weil er fürchtet, nicht zu wissen, was er ihnen sagen soll. Er fährt mit der Hand nach der Mütze, um ihnen zu zeigen, daß er gehört hat. Vielleicht ist sein Kopf zu weit von seiner Hand entfernt, denn sie bleibt immer unterwegs. Übrigens halten ihm die Leute seine Absicht zugute und verstehen vollkommen, daß er sie begrüßen wollte.

Tienne ist König über den Kai. Seine Tochter sitzt ihm zur Seite, die Portiersfrau auch, manchmal sogar diese oder jene Mietspartei. Man wacht über ihn, man umringt ihn, man hat ihn bei sich, es ist, als besäße man ihn. Man hält herumlaufende Kinder von ihm ab, man gibt acht, daß niemand ihn überrennt.

Früher, vor fünfzehn Jahren, als Tienne nicht viel über achtzig zählte, neckte man ihn noch wegen seines Alters und seines guten Aussehens. Man sagte ihm etwa:

»Ich kenne einen kleinen Garten in Bagneur. An welchem Tage sollen wir mit Ihnen dorthin spazieren?«

Aber seine Tochter wurde zuletzt unwillig gegen die Leute, die so sprachen. Denn eines Tages wurde dem Tienne mitgeteilt, daß ein kleines Mädchen, welches im Hause wohnte, soeben an einer Lungenentzündung gestorben war. Tienne geriet ins Zittern, sodann weinte er, dann rief er seine Tochter, endlich fürchtete man, er sei wahnsinnig geworden. Er sagte unzusammenhängende Dinge. Er schrie:

»Oh, nicht ich, gelt! Nicht ich!«

Jetzt wissen die Nachbarn, daß, wenn jemand gestorben ist, man es vor Tienne nicht erwähnen darf. Selbst von den Kranken spricht man nicht mehr.

Er hat vielleicht nicht seinesgleichen in Paris. Wenn man ihn nur noch ein Weilchen behält! Neulich war seine Tochter mit der Obstfrau tief im Gespräch. Sie sagte:

»Er sollte es noch bis zum nächsten Jahr bringen. Da wird er hundert. Es wäre doch schade, so lange gelebt zu haben, um es nicht bis dahin zu bringen.«

SCHULSCHWÄNZER

Wir waren elf Jahre alt. Uns war, als dauerte es schon elf Jahre lang; wir waren es müde, brave Schüler zu sein. Nach dem Essen, als wir in die Schule zurückgingen, sagte mir Gilardin:

»Wenn wir schwänzten?«

Ich weiß nicht genau, in welchen Winkel meines Ohres diese Worte fielen, aber es war eine Stelle, die mit meinem Herzen im Einklang stand. Wie töricht von mir, nicht früher daran gedacht zu haben! Ein schweres Gewicht, das auf meinem Leben lastete, war plötzlich fort. Ich weiß nicht, von welchem Leiden ich zuvor befallen gewesen war, aber ich schien mir geheilt.

Wir machten uns so schnell und so begeistert davon, daß wir erst viel später bereuten, uns nicht für einen Sou Zigaretten gekauft zu haben.

Wir begaben uns auf der Stelle an den Ort, den zu begehen unsere Eltern uns verboten hatten; nämlich an den Fluß. Gefährlich war er übrigens gar nicht. Im Winter war er weder breit noch tief, und im Sommer rann er zu einem schmalen Wasserstreifen zusammen.

Wir warfen uns ins Zeug. Als wir uns die Schuhe auszogen, um unsere Füße zu waschen, fiel uns ein, daß wir uns dem Flüßchen gegenüber so verhalten sollten, als wäre er ein mächtiger Strom, und wir entkleideten uns ganz.

Das Wasser reichte uns nur bis zu den Knöcheln,

aber da wir nackt waren, wälzten wir uns darin. Wir hätten in diesem Moment gerne gesehen, daß eine Überschwemmung losbräche. Unser Selbstvertrauen war durch keinerlei Zweifel erschüttert; wir wußten bestimmt, daß wir hätten schwimmen können.

Wir waren mitten in unserem Spiele begriffen, als wir Schritte vom Weg herüber hörten. Gilardin sagte:

»Da sind sie!«

Ich wußte nicht sogleich, wen er meinte, aber ich begriff alsbald, daß es sich um *sie* handelte, die Krieger des wilden Völkerstammes, mit den unseren verfehdet, und gekommen, um uns zu überfallen.

Mutig warfen wir uns ihnen entgegen. Sie traten auf uns zu in Gestalt einer betagten Bäuerin, der alten Vincent, die mit ihrem Korb in die Stadt hinunterging. Wir wollten nicht zugeben, daß es nur die alte Vincent sei. Gilardin sagte:

»Es ist ein Spion!«

Wir zogen auf sie los, umtanzten sie mit wilden Mienen und Gebärden, wir stießen Schreie aus wie die, welche unserer Meinung nach die Menschenfresser ausstießen:

»Tabon! Tabon! Tabon!«

Die alte Vincent wußte, wer wir waren, aber sie erkannte uns nicht, weil sie nicht gewohnt war, uns nackt zu sehen. Sie stellte sich vor uns hin und sagte:

»Ihr seid Nichtsnutze! Wenn ich eure Eltern kennen würde, ginge ich sofort zu ihnen, euch zu verklagen.«

Wir liefen lachend davon. Gilardin sagte:

»Sie haben sich gefürchtet.«

Als wir es müde waren, nackt herumzulaufen, zogen wir uns wieder an.

Es begann für uns ein wundervoller Nachmittag. Wir wollten abseits der Straßen bleiben, die alle anderen begehen, wir gingen querfeldein. Meistens genügte es uns nicht, zu gehen, wir liefen also. Wir liefen in Freiheit, glücklich, daß wir unsere Beine zu unserem Vergnügen bewegten. Wir hatten herausgefunden, wozu wir erschaffen waren. Wenn wir innehielten, so geschah es, um uns selber zu beweisen, daß wir, wenn wir gewollt hätten, unbeweglich hätten bleiben können.

Wir machten so viele Entdeckungen, wir gingen so lange, daß wir endlich aufs Geratewohl hinter einer Hecke auf einem Felde haltmachten. Der ganze Himmel wölbte sich über uns, die Erde, auf welcher wir uns ausstreckten, war die Mutter aller lebenden Wesen, und in unserer Brust schlugen unsere jungen Tierherzen ohne Unterlaß.

Was begab sich nun? Wir hätten glücklich sein sollen an einem Nachmittag der Freiheit, deren Herren wir waren. Wir hätten zum mindesten die Freude auskosten sollen, lebendig zu sein, inmitten der Natur, die man die Mutter Natur nennt.

Die Wahrheit zu sagen, es war uns nicht bange, es war nicht die Strafe, die uns erwartete, welche die plötzliche Änderung unserer Gefühle bewirkte. Wir waren eine Stunde hindurch wie die Tiere durch die Lande gestreift, wir ruhten jetzt aus, auch wieder wie es Tiere tun, welche einen guten Winkel gefunden haben, wo sich angenehm ausruhen läßt. Und da gerade war es, daß wir eine große Entdeckung machten. Wir waren nicht so lustig, als wir hätten sein sollen; das Lebensfluidum, das unsere Adern durchkreiste, drang, wir wußten selbst nicht wie, als etwas Schweres und Drückendes in unsere Herzen ein. Jeder von uns hatte wie ein junges Tier dahingelebt. Daß das Tier traurig ist, erlebten wir da.

Wir hatten vor nicht langer Zeit zwei Uhr schlagen gehört. Es blieb noch viel Zeit bis vier Uhr, wo wir wie andere Kinder, die ihren Nachmittag in der Schule verbracht hatten, heimkehren würden. Die Langeweile befiel uns. Alles Vergnügen, das in uns stecken konnte, schien uns verausgabt. Der Alltagsgedanke, der über unsere Existenzen gebot, kehrte uns zurück und machte sich geltend. Gilardin fragte mich:

»Was für eine Stunde hatten wir heute?«

Wir hatten Geographiestunde. Kaum erwähnten wir sie, als ich Lust bekam, die heutige Lektion aufzusagen. Als wir damit fertig waren, sagten wir eine andere auf. Wir gingen von der Geographie zur Geschichte über. An diesem Tage geschah's, daß ich aus Gilardins Munde die Daten vom Anfang und Ende des Hundertjährigen Krieges erfuhr. Ich habe seither diese Daten nie wieder vergessen. Ein gleiches Gefühl trieb uns zum Schluß von dem Orte weg, an dem wir uns befanden.

»Wie wär's, wenn wir in die Schule zurückkehrten?«

Wir schlugen den Weg zu ihr ein.

Wir wagten übrigens nicht, sie zu betreten, aber

zum Glück lag ihre Rückseite einem Schuppen gegenüber. Es war Sommer, die Fenster standen offen. Als wir an der Mauer unterhalb der Klasse anlangten, konnten wir alles hören, was darin gesagt wurde.

Wir blieben hier, versteckt wie Aussätzige, welchen der Eintritt in die Stadt verboten ist, aber es entging uns kein Wort aus dem Saale, in welchem unsere Seelen weilten, wenn auch nicht unsere Körper. Wir lauschten auf jedes Geräusch, wir erkannten Stimmen wieder, die uns teuer waren und Freunden angehörten, von welchen wir infolge eines schweren Unglücks getrennt waren.

»Das ist der Bonnet, der ausgefragt wird«, sagten wir uns.

Was hätten wir nicht gegeben, um an seiner Stelle zu sein! Und von allem, was gesagt wurde, ging nichts an uns verloren. Der Lehrer nahm eine Lektion über Ludwig den Vierzehnten durch. Unter anderem sprach er von den großen Schriftstellern. Er sagte:

»Ihr habt ein Mittel, um euch ihre Namen zu merken. Merkt euch diesen Satz: *Racine de la bruyère boit l'eau de la fontaine Molière.* Die Fontaine Molière ist eine Fontäne von Paris.« Wie gut, daß wir da waren: diese Worte waren an uns nicht verloren.

Um vier Uhr, als unsere Kameraden aus der Schule gingen, sahen wir sie hinter unserer Mauer ihres Weges ziehen. Wie schön hatten sie es gehabt! Und alle ihre Gesichter, selbst die der Faulpelze, schienen uns von einem Schein beleuchtet, der uns als das Licht der Wissenschaft erschien. Vielleicht hatten sie an diesem Nachmittage Dinge gelernt, die wir niemals wissen würden. Sie hatten einen Vorsprung vor uns, wir würden sie nie einholen.

SCHLICHTE HERZEN

Sie hatte zwei Gedecke, eines gegenüber dem anderen, auf den Tisch gelegt. Es war halb acht Uhr. Für gewöhnlich verspätete er sich nicht allzusehr. Nun, da es halb acht Uhr war, würde er ja bald kommen.

Man läutete. Er war es offenbar. Wahrscheinlich hatte er den Schlüssel vergessen. Erst am nächsten Tage, als sie die Ereignisse überlegte, sagte sie sich, daß sie bei diesem Klingeln hätte denken sollen: ich hätte gleich merken müssen, daß etwas los war. Er hätte nicht auf diese Weise geläutet. Man spürte, daß der, welcher da draußen die Glocke zog, ein wenig verlegen war. Sie ging erst das zweite Mal an.

Sie öffnete. Sieh da, er war es gar nicht. Es war ihr Nachbar, Herr Epaulard. Sie beherrschte sich aus Höflichkeit, gerade als sie im Begriff war, ihn zu fragen:

»Was wünschen Sie?«

Unter Nachbarn ist es ganz natürlich, wenn man etwas benötigt, daß man zueinander kommt oder sogar sich besucht. Es wäre ziemlich grob gewesen, hätte sie ihr Erstaunen merken lassen. Sie öffnete die Türe des Speisezimmers, um den Besucher hereinzubitten.

Er war sehr höflich und sagte erst:

»Guten Tag, Frau Chaput.«

Erst als er auf seinem Stuhle Platz genommen hatte und anfangen wollte zu reden, überkam es ihn. Wahrscheinlich hatte er zuvor noch nicht geweint. Sein Ellbogen stieß an den Tisch; man kann sagen, daß er seine Augen in seine Hände legte, er fing an zu weinen, zu schluchzen, er wurde beängstigend.

Sie fragte ihn:

»Was ist denn geschehen, Herr Epaulard?«

Er konnte nicht reden. Als sie dies sah, suchte sie sich in keiner Weise seinen Schmerz zu erklären; denn sie war eine sehr schlichte Person. Sie war nur sehr bekümmert, weil jemand vor ihr weinte. Sie konnte sich nicht halten, die Tränen flossen ihr aus den Augen, und erst nach einer kleinen Weile fiel es ihr ein, zu sagen:

»Kommen Sie, Sie dürfen nicht so weinen!«

Er sagte endlich:

»Ach! wenn Sie wüßten!«

Und unvermittelt, wie jemand, der sich entschließt, zu einem großen Schlage auszuholen, zog er einen Brief aus der Tasche und legte ihn in ihre Hand.

Sie fing an, ihn zu lesen, da er es zu wünschen schien. Es war ein Brief seiner Frau, Louise Epaulard. Es waren acht Seiten in geübter Schrift und ohne orthographische Fehler. Louise Epaulard erinnerte ihren Mann daran, daß, aus Gründen des Geschmakkes und des Charakters, sie vom Anfang ihrer Ehe an gemerkt hatten, daß sie sich nicht vertragen konnten und nicht füreinander geschaffen waren. Jeanne Chaput hatte dies immer vermutet. Louise Epaulard gehörte zu den Frauen, die jeden Abend ausgehen, sich schön machen und ins Theater gehen möchten.

Sie breitete sodann eine Geschichte aus: sie hatte einen Mann gefunden, den sie liebte, er möge es ihr nicht nachtragen; sie hatte ja doch ein Recht darauf, glücklich zu sein. Solche Dinge kommen ja oft vor in der Welt. Jeanne Chaput erinnerte sich, daß sie ein Ehepaar gekannt hatte, Herr und Frau Lenain, denen dasselbe passiert war. Die Frau ging mit einem Architekten durch. Louise Epaulard schloß ihren Brief, indem sie ihrem Mann sagte, für ihn selbst wäre es auch besser so; sie wären nie glücklich zusammen geworden, er sei noch jung, er würde sich trösten und ein neues Leben anfangen.

Jetzt begriff Jeanne Chaput, warum ihr Nachbar weinte. Noch viel betrübter wurde sie, als sie den Brief gelesen hatte. Sie versuchte den armen Mann zu trösten, indem sie ihm sagte:

»Es ist in der Tat sehr traurig, daß es dazu kommen mußte.«

Sie wagte es nicht, ihm eine Frage zu stellen, aus Angst, ihn wieder zum Weinen zu bringen, und für das, was sie ihm hätte sagen können, hielt sie sich an die Worte, die ja in dem Briefe standen, worin alles erklärt wurde. Sie war im Begriff, ihn ihm zurückzugeben, als sie plötzlich vor einem ungeheuerlichen Gedanken innehielt. Sie ließ sich noch Zeit, um sich zu sagen, wie dumm sie gewesen sei, nicht eher darauf verfallen zu sein. Da stand ja alles in dem Brief, sie fragte sich sogar, ob der Name darin vorkam. Sie hatte nicht verstanden, sie dachte nur an ihren Nachbar. Was kümmerte sie der!

Sie brach sogleich in einen Schrei aus:

»Ach Gott! Was soll aus mir werden!«

Es war also wirklich so: sie bereute es im Moment. Aber es war, wie wenn man heiraten will. Da frägt man sich zuerst, ob der junge Mann, mit dem man sich vermählen soll, genug Geld verdient, um einen Haushalt zu gründen. Dann erst läßt man anderen Gefühlen Raum. Es trug sich dasselbe, nur auf entgegengesetzte Weise, zu. Sie sagte sich zuerst, daß der Mann, der für sie sorgte, sie verlassen hatte. Was sollte aus ihr werden?

Aber bald darauf rief sie im selben Tone:

»Ach, mein Gott! ich, die so glücklich war!«

Einen Moment suchte sie unbeweglich zu bleiben, um nichts in ihrem Leben aufzurühren, aber dann glaubte sie zu Boden zu fallen, sie wußte nicht, nach welcher Seite hin. Als sie noch zögerte, wurde sie plötzlich wie vornüber geschleudert. Sie stürzte augenblicklich in die Küche, bevor es zu spät war.

Sie fühlte sich dann wie ausgehöhlt, mit einem schweren Druck in der Magengegend. Sie atmete mit Mühe, sie konnte nichts sagen; neben ihr befand sich ihr Nachbar, Herr Epaulard, der so traurig war, und neben dem sie dasaß, ohne ein Wort hervorzubringen. Sie hatte gerade noch so viel Kraft, um zu sagen:

»Entschuldigen Sie mich, ich bin krank.«

Dann erhob sie sich, weil das Leben das Leben ist. Als sie in die Küche gegangen war, hatte sie unwillkürlich bemerkt, daß ihr Gas noch brannte. Heute abend hatte sie gerade Rindfleisch aufgesetzt und es kochen lassen, während sie auf die Rückkehr ihres Mannes wartete. Es war jetzt sehr unnötig, das Gas brennen zu lassen, zudem das Rindfleisch anfangen würde, saftlos zu werden.

Als sie wieder hereinkam, fragte sie:

»Wie ist es denn nur gekommen?«

Herr Epaulard weinte nicht mehr. Er konnte sprechen.

»Ich fand diesen Brief heute abend vor einer Stunde vor, als ich vom Bureau nach Hause kam.«

Jeanne Chaput dachte ein wenig nach, dann sagte sie:

»So war Henri aus diesem Grunde in den letzten Zeiten so ungut.«

Sie erinnerte sich jetzt, daß sie ihren Mann einmal mit Louise Epaulard vor dem Obstladen getroffen hatte. Sie war bei ihnen stehengeblieben, sie hatten alle drei geplaudert. Sie hatte die Wahrheit nicht vermutet; auch Herr Epaulard hatte einmal seine Frau mit Chaput getroffen, aber es war vor dem Tabakladen. Sie hatten zusammen einen Likör genommen. Er hatte nichts geahnt.

Sie hatten sich beide auf die Tatsache eingestellt und nun nichts mehr miteinander zu tun, jetzt, wo alles gesagt war, aber jeder spürte ein gewisses Vergnügen, einem Wesen gegenüber zu sein, welches denselben Kummer hatte. Sie redeten, um das Gespräch aufrechtzuerhalten, um nicht auseinandergehen zu müssen. Herr Epaulard erzählte, daß sie nicht immer reich gewesen seien in ihrer Ehe. Er selbst hatte eine Stellung, er war Zureiter in der Ville de Paris. Er war sehr schlecht bezahlt, ohne Aussicht auf Beförderung. Hätte er nicht außerdem Schreibarbeiten besorgt, so wüßte er nicht, wie er das Leben hätte bestreiten können. Sie erzählte, daß ihr Mann Elektriker sei und an die fünfzehn Francs täglich verdiente. Herr Epaulard sagte:

»Das wird sie auch verlockt haben.«

Es kam jedoch ein Moment, wo die Situation zwischen ihnen lächerlich wurde. Sie entschlossen sich nicht, sich zu trennen, weil sie wohl fühlten, daß, wenn sie sich selbst überlassen und allein wären, eine große Verzweiflung sie überfallen würde. Jeanne erwog bereits, daß sich ihr nur ein einziger Ausweg bot: sie würde zu ihren Eltern zurückkehren müssen; aber was würden diese sagen?

Herr Epaulard entschloß sich endlich, zu reden:

»Arme Frau, wir sind beide recht unglücklich, ich sehe es wohl.«

Er erhob sich, um zu gehen. Er zögerte noch. Er nahm sich Zeit, irgend etwas zu sagen. Er brachte die Erwägung vor:

»So ist das Leben. Nun ja, was wollen Sie: wir hatten beide Vertrauen ...«

Da er stehenblieb, bald auf das eine, bald auf das andere Bein tretend, bald auch nach vorn, sagte Jeanne endlich traurig lächelnd:

»Wir müssen uns jetzt trennen, denn wenn jemand Sie zu spät von hier fortgehen sähe, würde man ja glauben, daß wir etwas miteinander haben.«

UNTER FREUNDEN

Eine Viertelstunde verging, während welcher sie schwiegen. Louise brach das Schweigen als erste. Sie war ganz aufgebracht. Sie sagte: »Mit deiner Manie, einen immer umarmen zu wollen, haben wir's jetzt. Ich dachte mir's immer, daß solche Gewohnheiten uns weiter führen würden, als wir möchten. Es paßt mir gar nicht.«

Pierre war auch von Gewissensbissen befallen. Er sagte: »Verzeih mir, meine kleine Louise.«

Er näherte sich ihr und küßte sie. Diesmal aber wie eine gute kleine Freundin, die viel Kummer hat. Er war nur auf das Vergnügen bedacht, welches man empfindet, wenn man diejenigen trösten kann, welche leiden. Sie kannte ihn gut; sie fühlte seine gute Absicht und konnte nicht umhin, ihm zu sagen:

»Schon gut, ich weiß, du bist ein treuer Freund, aber was wir getan haben, ist so unrecht!«

Er war auch dem Weinen nahe. Sie fing eine Art Monolog an:

»Ich, die so stolz darauf war, die Freundin eines so netten Menschen zu sein wie du! Wir duzten uns! Es war so schön, wenn wir zu zweit spazierengingen! Die Vorübergehenden mußten sich sagen: ›Das ist einmal ein hübsches Liebespaar!‹ – Ich hatte immer Lust zu antworten: ›Bitte sehr, mein Herr oder meine Dame, Sie sind im Irrtum, es ist mein Freund Pierre; mit ihm ginge ich überall hin.‹ Sooft ich im Omnibus oder in der Métro jemanden ein Buch lesen sah, merkte ich sofort, daß es keines von den deinen war, und ich dachte jedesmal: Wie dumm ist diese Person, daß sie dies Buch da liest, da jene meines Freundes Pierre viel schöner sind.«

Pierre unterbrach sie:

»Ich, meine kleine Louisette, sagte immer lachend, wenn wir Bekannte trafen: ›Haben Sie ‚Paul und Virginie' gelesen? Nun, Louise und ich sind wie Paul und Virginie!‹ – Wir waren so vertraut, wir waren so glücklich. Wenn dein Mann mit uns ging, gabst du mir den Arm.«

Louise unterbrach ihn ihrerseits, um auszurufen:

»Was wird Henri sagen! Mein Gott! Was wird Henri sagen!«

Pierre zögerte keinen Augenblick:

»Man muß ihn sofort benachrichtigen. Wir müssen etwas unternehmen, glaube mir.«

Louise war doch ein wenig böse auf ihren Mann:

»Der ist aber auch mitschuldig. Er hätte sehen sollen, daß wir zu gut gegessen hatten, und, statt mit seiner Zeitung davonzugehen und seine Frau mit einem Freund allein zu lassen, ein wenig warten oder uns mitnehmen sollen!«

Aber sie fügte alsbald hinzu:

»Jedenfalls hast du recht! Was uns widerfuhr, ist zu schwerwiegend, auch gehöre ich nicht zu den Frauen, welche die Gewohnheit annehmen, ihren Mann zu betrügen.«

Sie zog sich schnell an, ein wenig aufs Geratewohl. Sie war bereit. Sie gingen hinunter. Um schneller an

Ort und Stelle zu kommen, nahmen sie einen Wagen. Man übersieht die Dinge besser, wenn man auf der Straße ist, unter den Passanten, an welchen man Vergleiche anstellen kann. Louise weinte. Pierre tröstete sie, so gut er konnte. Er mußte sie in die Arme nehmen, um ihr krankes, kleines Herz zu erwärmen. Aber diesmal gab er sehr acht, sie nicht auf den Mund zu küssen.

Als sie vor der Redaktion ankamen, bevor sie ihren Wagen gezahlt hatten, zögerte Louise.

»Ich ginge lieber nicht hinauf«, sagte sie.

Sie überlegte und fügte dann hinzu:

»Nein, weißt du, ich gehe nicht hinauf. Ich kenne Henri. Er wird sagen, daß es meine Schuld war, und es wird auf mich zurückfallen.«

Sie behielt den Wagen, um zurückzufahren, und streckte den Kopf zum Fenster hinaus, um Pierre nachzurufen:

»Sprecht euch gut aus und kommt dann beide nach Hause, um zu sagen, wie es ging.«

Pierre verlangte seinen Freund zu sprechen. Der Bureaudiener ging, ihn zu holen. Henri kam sofort mit jenem Lächeln, das sagen will: »Welch frohe Überraschung!« So zwar, daß Pierre, um ihn nicht aus seiner Fassung zu bringen, Lust hatte, gar nichts zu erzählen. Wenn er es dennoch tat, so war es nur, weil ihn im letzten Moment ein höheres Pflichtgefühl nicht verließ. Er sagte geradeaus, ohne Umschweife, mit geschlossenen Augen:

»Mein Alter, du bist ein Narr! Du hast uns beide

nach dem Essen allein gelassen, Louise und mich. Ich versichere dir, es kam, wie es kommen mußte. Die arme Louise ist darüber ebenso untröstlich wie ich.«

Es entstand, wenn man so sagen darf, ein Stocken im Ausdruck des jungen Mannes. Es gelang ihm endlich, sich wieder zu besinnen, und er war imstande, zu sagen:

»Ach, wie unangenehm! Ich habe gerade einen Artikel zu schreiben. Ich kann im Augenblick gar nicht an so was denken.«

Sie vereinbarten, daß Henri in sein Bureau zurückkehren und seinen Artikel fertig schreiben würde und Pierre ihn indessen in der Halle erwarten sollte.

Eine gute Stunde verging, die für Pierre sehr bitter hätte sein können, aber es gelang ihm, mit großer Anstrengung zu denken:

»Nur nicht denken!«

Henri kam zurück.

»Es ist sehr gut gegangen«, sagte er. »Einen Augenblick habe ich geglaubt, daß ich den Artikel nicht fertigbringen würde.«

Dann fügte er hinzu:

»Eines steht jetzt schon fest: daß wir Freunde bleiben müssen.«

Sie benahmen sich übrigens sofort wie richtige Freunde: sie gingen ins Café. Henri war sogar ein wenig irritiert.

»Ich hatte gerade Kopfweh heute abend, und ich gedachte nach Hause zu gehen, sobald ich mit meiner Arbeit fertig wäre.«

Sie fingen an, Bier zu trinken; sie zogen ihre Pfeifen hervor, sie trachteten so zu sein, wie sie gestern waren: zwei Freunde, die friedlich zusammen rauchten und nach vollbrachtem Tagwerk, während jenes so kostbaren Moments, wo der Mann, seiner Sorgen ledig, den Eindruck hat, daß ein Stern vom Himmel weg sich mitten in sein Herz versetzte. Henri brachte es nicht fertig. Gewiß, im Herzen aller Männer ist eine solche Stelle. Er dachte an das, was geschehen war.

»Es ist doch ärgerlich«, sagte er.

Pierre wußte nicht, wie ihn trösten. Henri sagte dabei noch:

»Ich verstehe Louise nicht! Ein kleines Mädchen, das ich aus ihrer Familie geholt, das ich geheiratet habe, ein solides Mädchen, das mir einen solchen Streich spielt. Ach, mein Alter, du kannst dir nicht denken, nein, wie peinlich es ist, von seiner Frau betrogen zu werden.«

Pierre antwortete:

»Nein, klage Louise nicht an. Alles, was geschah, ist durch meine Schuld geschehen.«

Die Situation schien recht verwickelt.

Henri sagte von Zeit zu Zeit:

»Das Peinliche ist, wie ich dir schon sagte, daß ich den Kopf nicht bei der Sache habe. Ich hätte schlafen gehen sollen. Statt dessen muß ich bei dir bleiben. Wir können so nicht auseinandergehen.«

Dann wieder schwieg er. Man sah, daß er verdrossen war. Pierre sagte dann:

»Geht es nicht, mein Alter?«

»Ach ja, ich glaube, es geht wieder«, sagte Henri.

Er mußte mehr trinken, als er gewollt hätte, weil Pierre bei jedem Glas, das er ihm anbot, hinzusetzte:

»Du mußt es annehmen, sonst, siehst du wohl, werde ich nicht wissen, ob du mir nicht doch böse bist.«

Endlich faßten sie den richtigen Entschluß. Gegen zwei Uhr morgens, als das Café, in dem sie waren, geschlossen wurde, sagte Henri:

»Gehen wir heim zu Louise. Ihr muß es auch schwer zumute sein.«

Louise erwachte, als sie hereinkamen. Sie sagte:

»Da ihr nicht gekommen seid, ging ich endlich zu Bett, aber welche Not hatte ich, einzuschlafen!«

Pierre fühlte sich verlegen, aber Henri ergriff das Wort:

»Meine arme Louise, ich will dir gar nichts sagen. Ich weiß sehr wohl, daß solche Dinge vorkommen können, sogar mit den besten Freunden. Aber sieh doch, in welche Situation du uns bringst! Ein alter Jugendfreund wie Pierre, du, die du meine Frau bist, und ich, der dich sehr liebt! Wir stehen jetzt dumm da, alle drei voreinander.«

Louise weinte. Kein Wort kam aus ihrem Munde. Es war wiederum Henri, welcher sprach:

»Nun also, da gibt es nur eines. Wir haben jetzt alle drei gelernt, vernünftig zu sein und uns vor uns selber in acht zu nehmen. Pierre geht jetzt hinunter, es ist spät; er geht schlafen. Umarmt euch wie gewöhnlich. Bleiben wir alle gute Freunde. Du aber, mein Alter, eine Zeitlang, siehst du, werden wir aufhören müssen, uns zu sehen.«

DREI GUILLOTINIERTE MÄNNER

Valence, 22. November

Unter einem strömenden Regen, gegen welchen unsere Regenschirme uns nicht zu schützen vermögen, warten wir. Die aufgerichtete Guillotine mit ihren feststehenden Pfosten, ihren polierten Kupfer- und Stahlreifen gemahnt an ein Meßinstrument, welches dazu dient, einem Experiment der Physik zu überzeugender Verwirklichung zu verhelfen. Man hat sie inmitten der Straße aufgestellt, zur Linken der großen Pforte, durch welche die Verurteilten kommen werden. Die Bevorzugten, die ihr nahe stehen, mustern, betasten sie, finden die Tatsache höchst bewundernswert, daß, um sie aufzurichten, kein einziger Hammerschlag nötig ist.

Unter den hier Versammelten hat das Fieber, das ganz Valence erfaßt zu haben scheint, nicht um sich gegriffen. Man fühlt, daß sich etwas sehr Schwerwiegendes zutragen wird; man hat das Gefühl, daß es doch menschliche Leben sind, an welchen die todbringende Maschine sich sogleich vergreifen wird.

Diese Gemütsverfassung ruft eine seltsame Wirkung hervor. Wir fühlen uns einfach als Menschen angesichts des großen Dramas, dem wir beiwohnen werden; wir sind von unserer Menschlichkeit selbst mit einbezogen.

Die sozialen Unterschiede scheinen aufgehoben.

Ich sehe einen Regierungspräsidenten vertraulich mit Gendarmen wie mit seinesgleichen reden; kleine Polizeibeamte unterhalten sich auf gleichem Fuß mit ihrem Chef.

Um halb sechs Uhr läßt man die Pressevertreter in den Gefängnishof. Der Tag ist schon angebrochen; wir warten noch immer.

Um sechs Uhr öffnet endlich, wenn ich so sagen darf, ein Wächter die zwei Flügel der Pforte, welche auf die Avenue de Chabeuil führt, sodann die kleine Tür der Lokalitäten, durch welche gleich die Verurteilten ziehen werden.

Wir sehen zunächst die Beamten auftreten, welche dem Erwachen beigewohnt haben; als ich sodann erwarte, daß sich im Hofe eine doppelte Reihe beim Erscheinen Berruyers bilden wird, der als erster hingerichtet werden soll, werde auch ich von einem dicken roten Manne gestoßen, den ich wiedererkenne, weil ich ihn tags zuvor erblickt habe.

Ich schaue. Herr Deibler ist schon vorübergegangen, dann ein Priester, und zwischen den zwei Gehilfen des Henkers, von welchen der eine mich am Ellbogen stieß, erkenne ich Berruyer. Ich sehe ihn nicht von vorn. Sein entblößter Rücken ist breit, mächtig, massiv und erinnert genau an den des Herkules von Puget, der im Louvre ist. Dieser Mann muß außerordentlich kräftig sein.

Im Augenblick, wo er den Fuß auf die Straße setzt, sieht er den Staatsanwalt, Herrn Roux. Ich merke, daß er sich ihm zuwenden möchte und alle Energie aufbietet. Mit starker Stimme spricht er ihn an: »Herr Staatsanwalt!«

Es ist die kompakte Stimme eines kompakten Menschen.

Ich habe den sehr deutlichen Eindruck, daß der Verbrecher ganz von dem Gedanken erfüllt ist, Zeit zu gewinnen, und daß er sagen will: »Herr Staatsanwalt, ich habe Ihnen Wichtiges zu enthüllen. Kehren wir einen Augenblick in das Gefängnis zurück.«

Mit einer schrecklichen Gebärde ziehen ihn die zwei Gehilfen nach links. Aus dem Munde des Banditen ertönen sehr leise die Worte:

»Hört, Kinder…«

Man treibt ihn vorwärts, man senkt den Balken, der Kopf steckt in der Öffnung. Herr Deibler läßt das Beil fallen. Man schiebt den Körper in einen Sandkorb, und dann sehe ich das, was sich nie vergessen läßt, den Blutstrom der Schlagadern, und, um es genau zu bezeichnen, das rohe Fleisch des abgeschnittenen Halses.

Der Henker fährt mit dem Schwamm über die Maschine, wischt an dem Beil, dem Gerüst, dem Fallbrett. Dann wäscht er sich die Hände in einem Eimer Wasser. Sodann, mit einer ganz natürlichen Bewegung sein Taschentuch hervorziehend, trocknet er sich die Finger.

Das Wams, das Berruyer trug, ist zu Boden gefallen. Herr Deibler hebt es auf, nicht wissend, was es für ein Kleidungsstück ist. Er zeigt es uns, wahrscheinlich in der Meinung, daß einer von uns seinen Rock verloren hat; alsbald aber geht ihm ein Licht auf, und er wirft das Wams mit verächtlicher Miene beiseite.

Wie viele Sekunden vergehen nunmehr? Diesmal sind wir zur Seite gerückt, es bildet sich eine Art Ehrengarde, und zwischen den zwei Gehilfen erscheint der berüchtigtste der drei Banditen: David.

Mehrere Leute können nicht umhin, auszurufen:

»Er hat die Zigarette im Mund!«

Er tritt vor. Da ist er. Er ist nicht sehr blaß; aber so, als ob er sagen wollte: »Es macht einem doch etwas.« Er sieht vor sich hin. Ich sehe deutlich rechts an seiner Brust eine kleine Tätowierung, die einen Stern darstellt. Er spricht zu uns, zur Menge, zu allen Anwesenden:

»Salut!«

Seine Stimme ist spöttisch. Er bleibt sich immer gleich.

»Auf Wiedersehen im Sommer! Wir werden ein Glas auf Eis trinken.«

Die paar Schritte, die er geht, bringen ihn der Maschine nahe. Er ruft:

»Vorwärts!«

Das Brett senkt sich wie vorhin. Die Zigarette steckt noch zwischen Davids Lippen. Er hat den Kopf in der Höhlung. Seiner Stellung halber hören wir seine Stimme weniger deutlich. Er hat Zeit, zu sagen:

»Vorwärts!«

Die Bewegung seiner Lippen bringt die Zigarette zu Fall. Erst dann senkt sich das Beil.

Eine rote Springflut, die sehr weit hinaus spritzt…

Die Leiche wird in den Korb geschoben und gesellt sich zu der Berruyers. Der Körper hört nicht auf, sein Blut auszuströmen.

Dieselbe Zeremonie. Herr Deibler wäscht die Maschine, taucht seine Hände in Wasser und trocknet sie mit seinem Taschentuch.

Es vergehen wieder einige Augenblicke. Da kommt Liottard. Sein Bart ist grau. Er ist blaß, er trägt den Kopf hoch, er schreitet langsam. Dieser Mann scheint mir in diesem Moment großen Mut zu besitzen. Er weiß, wohin er geht, er ist sich dessen bewußt. Er geht darauf zu, obwohl er sich fürchtet. Er spricht kein Wort, er macht keine unnütze Gebärde und erweckt den Eindruck, als bestiege er die Guillotine wie einer, der weiß, daß er sie durch seine Verbrechen verdiente.

Er geht ohne Zagen und Prahlen. Kurz darauf, nachdem all dies Blut vergossen ist, nachdem wir dem widerlichsten Schauspiel beigewohnt haben, welches menschliche Augen sehen können, nachdem der Korb, welcher die drei erschlagenen Tiere enthält, mühsam in den Leichenwagen geschoben wurde, betreten wir wieder das Gefängnis unter dem Vortritt des Staatsanwaltes, der uns einige Einzelheiten über das Erwachen der Verurteilten geben soll.

Mittlerweile bringt der Wagen seine finstere Bürde zum Friedhof. Die drei Banditen sind abseits, am Fuß einer Mauer, begraben worden, in einem Gärtchen, das bisher einem Wächter zum Gebrauch diente.

Mit Berruyer eröffnete der Staatsanwalt seinen

Bericht. Der Bandit schlief. Auf die Fragen, die ihm gestellt wurden, gab er zur Antwort (man erinnerte sich, daß er gewisse Verbrechen geleugnet hatte), daß er an mehreren Mordtaten teilgenommen habe, aber den Tod nicht verdiene. Er verlangte zu beichten und hörte dann die Messe an.

Nach Berruyer klopfte der Staatsanwalt an der Türe Liottards, der auf seinem Bette saß.

»Liottard, ich weiß, Sie sind in Ihr Schicksal ergeben. Sie haben gesagt, daß Sie Buße tun wollen.«

»Ich will sie mutig tun«, erwiderte Liottard.

Man hat gesehen, daß er Wort hielt. Auch er wollte die Sakramente empfangen.

David spielte bis ans Ende seine Prahlerrolle. Er war im Hemd, auf seinem Bette sitzend. Sowie der Staatsanwalt eintrat, stimmte er laut die berühmte Arie an:

»Sei mir gegrüßt, o du mein letzter Morgen!«

Er wies den Beichtvater ab und verlangte nur, seiner Frau zu schreiben. Er verfaßte einen ziemlich langen Brief, an dessen Fuß er ein Stiefmütterchen zeichnete.

David wartete in seiner Zelle, bis die Messe vorüber war, spaßte, sang obszöne Lieder, unterhielt sich mit den Magistratspersonen und bot einer derselben eine jener gezierten Zeichnungen an, die er im Gefängnis machte und welche die folgende Widmung enthielt:

»Unfertig geblieben durch die Schuld Deiblers, der vorzeitig dazwischentrat. Er ist ein aufdringlicher Mensch.«

Und der Staatsanwalt verabschiedet uns, indem er sagt:

»Meine Herren, ich habe nahezu ein Jahr in nächster Nähe dieser Männer gelebt, welche eben hingerichtet wurden. Ich kannte sie von Grund auf. Ich habe die Todesstrafe für sie beantragt. Ich habe sie ohne Bedauern hinrichten sehen. Ja – schon gut! Aber mein Gott! welche Schlächterei!«

Cotta's Bibliothek der Moderne

1 Ernst Jünger: Der Arbeiter

2 G. K. Chesterton: Der Mann, der Donnerstag war

3 Jean Améry: Lefeu oder Der Abbruch

4 Pierre Jean Jouve: Die leere Welt

5 Doris Lessing: Eldorado

6 E. E. Cummings: Der ungeheure Raum

7 Wilhelm Lehmann: Bukolisches Tagebuch aus den Jahren 1927–1932

8 Gottfried Benn: Frühe Lyrik und Dramen

9 Louis-René des Forêts: Der Schwätzer

10 James Agee: Die Morgenwache

11 Georg Britting: Lebenslauf eines dicken Mannes, der Hamlet hieß

12 F. T. Marinetti: Die futuristische Küche

13 Eudora Welty: Ein Wohltätigkeitsbesuch

14 Louise de Vilmorin: Madame de …

15 Ernst Jünger: Maxima – Minima. Adnoten zum »Arbeiter«

16 Ilja Ehrenburg: Das Leben der Autos

17 Doris Lessing: Die Versuchung des Jack Orkney

18 Erwin Chargaff: Kritik der Zukunft

19 K. A. Porter: Der gesprungene Spiegel

20 Stefan George: Gedichte

21 Jean Améry: Hand an sich legen Diskurs über den Freitod

22 Kenneth Patchen: Erinnerungen eines schüchternen Pornographen

23 Gottfried Benn: Doppelleben

24 Marcel Jouhandeau: Das Leben und Sterben eines Hahns

25 Albert Cohen: Das Buch meiner Mutter

26 Louise de Vilmorin: Belles Amours

27 Karel Čapek: Hordubal

28 Georges Perec: Die Dinge

Cotta's Bibliothek der Moderne

29 Doris Lessing:
Winter im Juli

30 J. R. R. Tolkien:
Gute Drachen sind rar

31 Mark Helprin:
Ellis Island

32 Eugen Skasa-Weiß:
Von hinten besehen

33 Ernst Jünger:
Aus der Goldenen Muschel

34 Oskar Panizza:
Eine Mondgeschichte

35 Helmut Heißenbüttel:
Franz-Ottokar
Mürbekapsels
Glück und ein Ende

36 Jean Améry:
Unmeisterliche Wanderjahre

37 Ramón del Valle-Inclán:
Wintersonate

38 C. F. Ramuz:
Die Herrschaft des Bösen

39 Donald Barthelme:
Der Kopfsprung

40 Doris Lessing:
Spiel mit einem Tiger

41 Friedrich Georg Jünger:
Dalmatinische Nacht

42 Felix Salten:
Der Hund von Florenz

43 Gottfried Benn:
Gesammelte Prosa

44 Jean Cocteau:
Kinder der Nacht

45 Elizabeth Bowen:
Die ferne Stadt Kôr

46 Richard Schaukal:
Leben und Meinungen
des Herrn Andreas von
Balthesser

47 Gottfried Benn/Max Rychner:
Briefwechsel 1930–1956

48 Mario Soldati:
Die grüne Jacke

49 Charles-Louis Philippe:
Bübü von Montparnasse

50 Rudolf Borchardt:
Italienische Städte
und Landschaften

51 Alexander Grin:
Das Purpursegel

52 Ernst Jünger:
Der Waldgang

53 Gilbert Keith Chesterton:
Das Gold in der Gosse

54 Jean Cocteau:
Brief an die Amerikaner

55 Vilém Hejl:
Die gesammelten Verbrechen
des Vladimir Hudec

56 Hjalmar Söderberg:
Martin Bircks Jugend

57 Louis Levy:
Die Menschenzwiebel Kzradock
und der frühlingsfrische
Methusalem

Cotta's Bibliothek der Moderne

58 Gottfried Benn
Fragmente – Destillationen – Aprèslude

59 Stefan George
Das Jahr der Seele

60 Gustav Sack
Ein verbummelter Student

61 Gerhard Nebel
Phäakische Inseln

62 Jean Améry
Über das Altern

63 Friedrich Georg Jünger
Rhythmus und Sprache im deutschen Gedicht

64 Walter F. Otto
Epikur

65 Wilhelm Lehmann
Der stumme Laufjunge

66 Rudolf Borchardt
Gespräch über Formen und Platons Lysis Deutsch

67 Ernst Jünger
Das abenteuerliche Herz (erste Fassung)

68 Egon Erwin Kisch
Der Fall des Generalstabschefs Redl

69 Joseph Delteil
An den Ufern des Amur

70 Alexander Grin
Die funkelnde Welt

71 Jules Supervielle
Der Kinderdieb

72 Gottfried Benn
Der Ptolemäer

73 Sacha Guitry
Memoiren eines Falschspielers

74 Robert Graves
Rostbraun, gezähnt

75 Arno Schmidt
Seelandschaft mit Pocahontas

76 Dino Buzzati
Panik in der Scala

77 Erwin Chargaff
Abscheu vor der Weltgeschichte

78 Peter Rosei
Entwurf für eine Welt ohne Menschen

79 Charles-Louis Philippe
Das Bein der Tiennette

80 Arnolt Bronnen
Septembernovelle

81 Nathalie Sarraute
Tropismen

82 Rudolf Borchardt
Der Hausbesuch